Was wir zu sagen haben
Lo que tenemos que decir

Gedichte - Poemas

Danke

allen Förderern und Unterstützerndieser Anthologie,
insbesondere dem Stadtbezirksamt Treptow-Köpenick
Dipl.-Phil. Gotthardt Schön (Institut für Romanistik der Humboldt-Universität)
Prof. Dr. Carsten Sinner (Institut für angewandte Linguistik und Translatologie der Universität Leipzig)
den KollegInnen des Jacob-und-Wilhelm-Grimm-Zentrums und des CMS der Humboldt-Universität zu Berlin
Michael Manzek für das Layout
Stefan Klausewitz für die Einbandgestaltung
und meiner lieben Marina für ihre Geduld und Korrekturen
sowie allen fleißigen studentischen Übersetzerinnen

Jürgen Polinske

Was wir zu sagen haben
Lo que tenemos que decir

Band 1 - eine Arbeitsanthologie –
auf Deutsch und Spanisch
für die XX. Cita de la Poesia
der Dichterbegegnung
Spanien – Lateinamerika – Deutschland
vom 25. Mai bis zum 29. Mai 2016 in Berlin

Band 2 – Änderungen nach den Werkstattterminen der
XX. Cita de la Poesia

Zusammengestellt und herausgegeben: Jürgen Polinske

aus Arbeiten der Lyrikgemeinschaften:
Köpenicker Lyrikseminar/Lesebühne der Kulturen
unter der Leitung von Ulrich Grasnick
Friedrichshainer Autorenkreis
(ehemals Zirkel des „Neuen Deutschland"
unter der Leitung von Klaus-Dieter Schönewerk,
verstorben)
und Gästen

Übersetzer/ Dolmetscher:

Alba Vinhas
Antonia Belz
Barbara und José Pablo Quevedo
Christiane Quandt
Sophie Buss
Susanne Detering
und
Verena Ines Schulz

50 Exemplaren ist eine Audioaufzeichnung
für Teilnehmer an den Werkstatt-Terminen beigefügt
Alle Rechte dafür beim CMS der HU

Coverfotos und Abbildungen
José P. Quevedo und Jürgen Polinske

Das Urheberrecht für alle Texte liegt
bei den Autorinnen und Autoren

Herstellung und Verlag:
BoD – Books on Demand, Norderstedt

ISBN 978-3-7412-3710-2

Was wir zu sagen haben
liegt offen auf der Hand
die ausgestreckt für jeden
der sie ergreifen möchte

Was wir zu sagen haben
muss ungeschminkt ans Licht
mit allen Schrammen und den Narben
selbst den Brandmalen der Liebe

Was wir zu sagen haben
wir haben´s aufgeschrieben
und kommen Dir entgegen
mit offener Hand – nur Mensch

J.P.

„handoffriendship" v. Lida Sherafatmand (Iran)

Nuestro lema poético:

Lo que tenemos que decir
nos lo traemos entre manos
expandido para aquel
que lo quiere tomar
y se llama a si mismo persona

Lo que tenemos que decir
no necesita ambigüedades
las heridas hablan por si mismas
las quemaduras del amor –
¡hombre! – las tienes en la mano

Lo que tenemos que decir
es tal vez desmesurado, arrogante.
Los poetas son así por momentos, pero
se aproximan a ti con la mano tendida
sin armas, sin defensa – sólo personas.

DU

Gesicht aus Wind, aus Stein, aus Eisen, aus Nachtblume und Feuer, Gesicht des Gerechten und Ungerechten, dein Name ist Mensch. Die Erde ist das Haus aller, sagt man, allen gehören ihre Früchte, *ihr Geschmack, ihre Geheimnisse,* Liebe, und die Traurigkeit unseres unfassbaren Seins. Dein Gesicht aus weicher Wolle aus Holz, dein Diebesgesicht, dein Mondgesicht, dein Gesicht uralten Schreckens. Dein Traum aus Sand, deine Augen aus Sonne, aus Mitternacht, deine Hände von lebendigem Grün, deine raue Zunge, dein *wirres* Wort, dein Mund aus Wasser, der deinen Namen nun schweigt.

Stefanie Golisch

Tú
Cara de viento, de piedra, de hierro,
de flor nocturna, de fuego,
cara del justo e injusto,
tu nombre es hombre.

La tierra es
la casa de todos, se dice,
de todos son sus frutos
amor, su sabor, sus secretos
y la tristeza de nuestro ser inconcebible.

Tu cara
de lana suave, de madera,
tu cara de ladrón, de luna,
de horror antiguo,

tu sueño
de arena,
tus ojos de sol, de medianoche,
tus manos de verde vivo,
tu lengua áspera, tu palabra confusa,
tu boca de agua
que calla.........................tu nombre

Traduzione : Susanne Detering

TÚ

Rostro de viento, de piedra, de hierro, de flor nocturna y fuego, rostro de lo justo y lo injusto, tu nombre es ser humano. La Tierra es la casa de todos, se dice, de todos son sus frutos, *su sabor, sus secretos,* el amor y la tristeza de nuestro ser inaprensible. Tu rostro de suave lana de madera, tu rostro de ladrón, tu rostro de luna, tu cara de horror primitivo. Tu sueño de arena, tus ojos de sol, de medianoche, tus manos de verde vivo, tu lengua áspera, tu palabra *confusa,* tu boca de agua, que ahora calla tu nombre.

Stefanie Golisch

Annette Kaufhold

Kein Sieger, der Tiger

Der Bali-Tiger
war ein Krieger
doch war er auch Freiwild,
für den, der perfekt killt

Der letzte starb vor 80 Jahren
weil man sich mit seinen Haaren
als starker Mann
brüsten kann

Weil man glaubt geheime Kräfte
aus seinen Knochen sind das Beste
für Männer mit Potenzproblemen
man denkt, man kann sich alles nehmen

Genauso ging´s dem Java-Tiger
der Kaspische blieb auch nicht Sieger
nun gibt es noch fünf Unterarten
doch lange kann man nicht mehr warten

Die Tigerlebensräume sind
zerstört, bis auf nur fünf Prozent

No gana, el tigre

El tigre de Bali
era un guerrero
pero también era pieza de caza
para aquel que mata a la perfección

El último murió hace 80 años
porque uno puede, con su pelo,
vanagloriarse
de ser hombre fuerte

Porque se cree que las fuerzas secretas
de sus huesos son lo mejor
para hombres con problemas de impotencia
se cree que uno puede hacerse con todo

Así le pasó al tigre de Java
el del Caspio tampoco permaneció ganador
ahora quedan cinco subespecies
pero ya no se puede esperar mucho

Los hábitats de los tigres están
destruidos, queda tan sólo un cinco por ciento

Make love not war

Metallisch kalt schimmern Libellen
im Flug sind sie die superschnellen
mörderischen Abfangjäger
und blutrünstigen Lüftefeger
mit raffinierter Jagdtechnik
fliegen sie pfeilgrad, dann mit Knick
sekundenschnell die Wendung
wechseln sie die Richtung
chancenlos die Beute
gestern, morgen, heute

Doch wenn sich zwei mal finden
und sie sich dann verbinden
in Sehnsucht und Verlangen
biegen sie ihren langen
Hinterleib so schön bunt
zum Paarungsrad fast kreisrund
und schweben ganz verträumt jetzt
im Äther ohne Jagdhetz
sie aneinander haften
als Ring, dem Symbolhaften

Man sieht mal wieder Kriege
Hör´n erst auf durch die Liebe

Aus der Reihe: *Animal Erotica 2014*

Make love not war

Frías como el metal resplandecen las libélulas
volando son rapidísimos
cazas asesinos
sangrientos pilotos
de refinada técnica
vuelan rectas como flechas, después una vuelta
giran en segundos
cambian de dirección
sin escapatoria la presa
ayer, mañana, hoy

Pero si dos se encuentran
y entonces se unen
en ansiedad y deseo
doblan sus largos
abdómenes, tan bellos y coloridos
formando una rueda de cópula casi redonda
y flotan como en sueños ahora
en el éter, sin prisa por cazar
pegadas una a la otra
cual anillo, el simbólico

Y volvemos a ver que las guerras
solo terminan a través del amor

De la colección: Animal Erotica 2014

Der Gott des Gemetzels

Du denkst bei Artensterben zwar
vielleicht an Dinosaurier
aber dieses Phänomen
ist heute noch ein Hauptproblem

Doch wo schon sehe ich Empörung
über Lebensraumzerstörung
die schneller schreitet jetzt voran
als noch vor ein- zweihundert Jahren

Und so hat es der Mensch geschafft
indem er alles an sich rafft
viele Tier und Pflanzenarten
konnten nicht auf Schonung warten

Ausgestorben, genetisch tot
und weiter geht´s trotz Jagdverbot
trotz Naturschutzreservaten
Studien, Fakten, Listen, Daten

Die Rote Liste, die wird länger
jährlich, täglich, stündlich enger
wer sagt mal „Stop", jetzt hört doch auf
so nimmt das alles seinen Lauf

Wie schon beim Auerochs, dem Ur
man wollte Fell und Fleisch ja nur
dem Elfenbeinspecht ging´s ebenso schlecht
dem Beutelwolf auch nichts mehr half
die Stellersche Seekuh verschwand im Nu
der Harlekinfrosch auch bald erlosch
der Flussdelfin ist auch schon hin
 Riesenfingertier starb mangels Revier
der Glasaugenbarsch ist im Arsch

Das war eine Auswahl
zu groß wär die Qual
alle aufzuzählen
all die toten Seelen

El Dios de la matanza

La extinción de las especies te hace pensar
quizá en los dinosaurios
pero este fenómeno
hoy sigue siendo un problema principal

Pero dónde veo indignación
sobre la destrucción de los hábitats
que más rápido avanza ahora
que hace cien o doscientos años

Y así el hombre lo ha conseguido
apoderándose de todo
muchas especies de animales y plantas
no podían esperar a la protección

Extinguidos, genéticamente muertos
y se sigue a pesar de la prohibición de caza
a pesar de las reservas naturales
estudios, hechos, listas, datos

La lista roja se está haciendo más larga
cada año, cada día, cada hora más aprieto
quién dirá "Basta", parad ya por fin
así todo esto toma su rumbo

Igual que ya con el aurochs, el uro
se quería la piel y la carne solamente
al carpintero real le fue igual de mal
al lobo marsupial tampoco le ayudó nada ya
la vaca marina de Steller desapareció en un santiamén
la rana patito también pronto se apagó
el delfín de río también ya se fue
el aye-aye gigante murió por falta de territorio
la perca de ojos de vidrio está jodida

Esto ha sido una selección
demasiado grande sería la tortura
enumerarlas todas
todas las almas muertas

Was Amor von den Schnecken lernte

In den feuchten Tagen des Mai
saß Amor einst im tiefen Gras
er probierte schon allerlei
doch irgendwas fehlte, er wusste nicht was
den Menschenkindern die Sinne könnt rauben
dass sie sich lieben und immer dran glauben

Da sah er ein inniges Schneckenpaar
Sohle an Sohle aufgerichtet
und was dann Unglaubliches geschah
ist weder ersponnen noch erdichtet

Es zeigten sich folgende Schauspielsequenzen:
sie schossen sich einen kalkigen Dolch
getränkt mit aphrodisischen Essenzen
tief ins Fleisch, das gefiel ihm, denn solch
einen Liebespfeil könnt er ja schießen
auf die Menschenpärchen auch
auf dass sie fortan genießen
den alles vernebelnden Sinnesrausch

Und so kam Amor zu Pfeil und Bogen
dank der Schnecken und ihren Stiletten
wir sind ihm nun deshalb für immer gewogen
weil wir sonst nicht diesen Knallbummeffekt hätten
der einen plötzlich und ungeahnt umhaut
wenn man den oder die Richtige trifft
sich dann lang und tief in die Augen schaut
und sofort das Gefühl hat man stünde im Lift

aus der Reihe: *Animal Erotica 2014*

Lo que Cupido aprendió de los caracoles

En los húmedos días de mayo
Cupido una vez estaba sentado en la hierba alta
ya estaba intentando de todo
pero algo faltaba, no sabía qué
que pudiera volver locos a los hombres
para que se amen y siempre crean en ello

En esto vio a una pareja apasionada de caracoles
suela contra suela levantados
y lo increíble que entonces pasó
no es ni inventado ni imaginación poética

Se presentaron las siguientes secuencias teatrales:
se dispararon una daga calcárea
empapada de esencias afrodisíacas
profundamente en la carne, aquello le gustó, ya que
una flecha de amor como ésta podría dispararla él
a las parejas humanas también
para que a partir de ese momento disfruten
el éxtasis sensual que lo cubre todo

Y así fue como Cupido llegó a tener arco y flecha
gracias a los caracoles y sus estiletes
por ello le tendremos simpatía para siempre
porque de otra forma no tendríamos ese golpe de efecto
que a uno le derriba de improviso e inesperadamente
cuando uno da con la persona indicada
y se queda mirándose profundamente a los ojos largo rato
y enseguida tiene la sensación de estar en un ascensor

De la colección: *Animal Erotica 2014*

Aschraf Golpoigani

Heimat

Heimat tiefe
der Nacht und des Tages
im Bett des Universums
weit sehe ich
stelle mir vor
oder nicht
dann ein Stück Erde
auf dem ich stehen kann
in Liebe.

Hogar

Hogar profundidad
de la noche y del día.
En la cama del universo
miro a lo lejos
entonces me imagino
o no
un trozo de tierra
sobre el que puedo estar

Gewinn und Verlust

Wenn ich an Freiheit denke,
werde ich größer.
Die Güte wird meine Gastgeberin,
Vertrauen mein Unterstützer.
Mit der Welt werde ich einig.
Gott ist gut.
Der Mensch ist menschlich,
mit ihr (der Freiheit)
Das Küssen der Klinge
der Diskriminierung
ist kein Zwang.
Verlust der Freiheit
ist langsamer Tod
oder mein orientalisches Leben.
Den Glauben daran
verlor ich an die Erfahrung.

ganancia y pérdida

Cuando pienso en la libertad
crezco
la bondad se convierte en mi anfitriona,
la confianza en mi ayudante.
Me hago uno con el mundo
dios es bueno
el hombre es humano
con ella (la libertad)
besar la cuchilla
de la discriminación
no es forzado.
La pérdida de la libertad
es una muerte lenta
o mi vida oriental.
La fe en ella
la perdí con la experiencia.

astrid Salzmann

Para la guerra nada I

Für die Maler alle Farben
Für die Segler mächtig Wind
Für die Bauern dicke Garben
und dem Pandapaar ein Kind

Saubres Wasser für die Schwimmer
Für die Flieger leichten Fön
Für's Konzert ein volles Zimmer
und für mich die Haare schön

Reine Reime für die Dichter
Berge für die Wandersfrau
Für den Durchblick helle Lichter
Für große Augen einen Pfau

Für den Krieg – rein gar nichts!

aS 30/08/2014

Para la guerra nada II

Für die Füße gute Schuhe
Für den Korpus einen Fummel
Für müde Menschen Mittagsruhe
und der Blüte eine Hummel

Für die Träumer lange Nächte
Für den Sänger einen Gig
Für die Kinder Wählerrechte
und den Eltern Kinderblick

Für meine Bücher einen Schrank
Jeder Antwort eine Frage
Für die Gedanken frei und frank
Frieden jetzt und alle Tage

Für den Krieg – rein gar nichts!

aS 30/08/2014

Para la guerra nada III

Für die Snowdens ein Asyl
und für alle Deserteure
die kündigen dem Mordkalkül
der Geheimdienst- und Kriegshasardeure

Für den Krieg – rein gar nichts!

Para la guerra nada I

Para los pintores todos los colores
Para los navegadores mucho viento
Para los campesinos gruesas gavillas
y para la pareja de pandas un hijo

Agua limpia para los nadadores
Para los pilotos viento caliente y ligero
para el concierto una llena llena
y para mí los hermosos cabellos

Rimas puras para los poetas
Montañas para la senderista
Para la vista clara luces brillantes
Para los ojos grandes un pavo real

Para la guerra – ¡nada de nada!

aS 30/08/2014

Para la guerra nada II

Para los pies zapatos buenos
Para el cuerpo ropa elegante
Para la gente cansada una siesta
y para la flor un abejorro

Para los soñadores noches largas
Para el cantante una actuación
Para los niños derecho a voto
y para los padres mirada infantil

Para mis libros un armario
A cada respuesta una pregunta
Para los pensamientos libertad y claridad
Paz ahora y todos los días

Para la guerra - ¡nada de nada!

aS 30/08/2014

Para la guerra nada III

Para los Snowden un asilo
-y para todos los desertores
que rompen con el cálculo asesino de los servicios secretos y de los taúres de la guerra

Para la guerra - ¡nada de nada!

aS 31/08/2014

Andoni K. Ros

Sedimentos del 'Mare Nostrum'... (*)

Silencios de mareas sin gargantas,
silencios no inconscientes
como una tormenta que desmintiera
una negación de mi palabra,
un vencimiento de mi rabia;
o un mundo en el que yo ya fuera
un desaparecido más...,
aquel subsahariano muerto.

¡ Mar variable, 'Mar Nuestro'
y 'Río Múltiple' en tus espumas;
sólidas sienes en tu canción del sodio ¡...
Madre extensa del mineral yerto
que hoy llevas hasta tus playas
lo que resta de nosotros, de mi odio;
o cuento queda de todos.

Desmarañar la duda es el gran reto.
De otro modo: ¡ Matadnos !...

¡ Matadnos, a los poseedores del pensar !...
¡ A quienes reunimos grandes haces de luz primera,
reducimos las noches
y aventamos madrugadas,
para alimentar mañanas a nuestros hijos;
y hacemos el amor..., después del cansancio !...

Serán nuestros nietos quienes abran 'Primaveras';
y conocerán la infamia...

Pero ya no lamerán heridas,
ni padecerán vergüenza...
Ni cubrirán su espalda
con la capa desoladora de vuestro 'Don'.

No había que haber matado a la 'paloma'
en esta tierra de mal agüero;
ni celebrar la desdicha de la siembra,
ni adorar a los que se orlan;
tampoco, haber ofendido al lobo,
en este mundo
que tanto pondera la acción del mono.

¡ Oh, Mar, marea múltiple y primigenia,
diástole-sístole y reloj de nuestro despertar !...

¡ En mi sexo cantando...,
y en mis dientes asiendo a quien no te celebra !
Así es contigo, mi 'yo-único', quien te menta:

¡ Mar, Mar poblada de yesos y fosfatos,
de ahogadas libertades; de canciones
con el grito estrellado contra tus riberas,
que escasas veces fueron voces de sirena !

...¡Rompe este silencio junto a mí,
y alza tus crestas lunares
en estos días en que las sierpes europeas
obtienen placer si calla nuestro canto!

...O quedaremos varados en tu lecho de silencio,
para terminar abrazados a tu total desnudez,
sin saber si honra, haber tenido que esperar tanto.

(*).- **II.** Silenciadas mareas mediterráneas: movilización silenciosa, yacente y cautiva...
(Colección antológica de la 'XX Cita de Poesía Alemana-Latinoamericana-Ibérica',
Berlín- 2016).

Sedimente des "Mare Nostrum"... (*)

Stille der Gezeiten ohne Kehlen,
Stille, nicht unbewusst
wie ein Unwetter, das widerspräche
einer Verneinung meines Wortes,
einem Verfall meiner Wut;
oder einer Welt, in der ich schon
ein Verschwundener mehr wäre…,
jener tote Schwarzafrikaner.

Wechselhaftes Meer, „Unser Meer"
und „Vielfacher Fluss" in deinen Schaumkronen;
feste Schläfen in deinem Lied des Natriums!...
Weite Mutter des starren Minerals,
das du heute bis an deine Strände trägst,
das, was von uns übrig ist, von meinem Hass;
oder als Erzählung bleibt von allen.

Den Zweifel zu entwirren, ist die große Herausforderung.
Andernfalls: Tötet uns!...

Tötet uns, die Besitzer des Denkens!...
Die wir große Bündel des ersten Lichts vereinen,
die Nächte verkürzen
und frühe Morgenstunden durchwehen,
um das Morgen für unsere Kinder zu ernähren;
und wir lieben uns…, nach der Erschöpfung!...

Es werden unsere Enkel sein, die „Frühlinge" eröffnen;
und sie werden die Niedertracht kennenlernen…

Aber sie werden keine Wunden mehr lecken,
noch unter Scham leiden…
Noch werden sie ihren Rücken bedecken
mit dem verheerenden Umhang eurer „Gabe".

Man hätte nicht die „Taube" töten sollen
auf dieser Unheil verkündenden Welt;
noch das Elend der Aussaat feiern,
noch die bewundern, welche sich schmücken;
auch, hätte man nicht den Wolf schmähen sollen,
in dieser Welt,
die so sehr preist die Handlung des Affen.

Oh, Meer, vielfache und ursprüngliche Gezeiten,
Diastole-Systole und Uhr unseres Erwachens!...

In meinem Geschlecht singend...,
und mit meinen Zähnen packend, den, der dich nicht preist!
So ist es mit dir, mein „einziges Ich", das dich nennt:

Meer, Meer bevölkert von Gips und Phosphaten,
von ertrunkenen Freiheiten; von Liedern
mit dem Schrei, der an deinen Ufern zerschellte,
die nur selten Stimmen von Meerjungfrauen waren!

...Brich diese Stille an meiner Seite,
und erhebe deine Wellenkämme aus Mondlicht
an diesen Tagen, an denen die europäischen Riesenschlangen
es genießen, wenn unser Gesang erstirbt!

...Oder wir werden auf deinem Bett der Stille stranden,
um, deine völlige Nacktheit umarmend, zu enden,
ohne zu wissen, ob es ehrt, so lange gewartet haben zu
müssen.

(*).- II. Zum Schweigen gebrachte Gezeiten des Mittelmeers: stille,
darliegende und gefangene Mobilisierung...

(Antologie der „XX Cita de Poesía Alemana-Latinoamericana-Ibérica",
Berlin-2016)
Andoni K. Ros (POETAP)

Antonio Arroyo Silva

I.

No sé qué pasa en el paisaje
del poema, se pone triste y llora,
se desorienta al punto y casi es pájaro.

No son más que tres piedras en su espacio.
Y, sin embargo, el hondo crepitar
sobre las aguas prende los incendios
de un árbol desbocado. La casa,
los ecos familiares: de repente
ahí están como siempre blandiendo
los haces de la luz del mediodía.

Y sobre todo, tú, que esperas
la rosa cotidiana. Pero no sé qué le pasa
al paisaje del poema
que ahora todo es flor o precipicio.

II.
Tú eres tú y mis circunstancias,

más no entiendo el sabor

de la fría mandrágora.

Y mira que te entiendo: si tú eres yo
y yo tus circunstancias...
Pero es que ya no hablo
la lengua de los crótalos
ni el breve tintineo
antes de la mordida.
Nosotros somos uno y es imposible
ese pacto civil del desgobierno propio.

(Del libro: *Mis íntimas enemistades,* 2014)

I.
Ich weiß nicht, was vor sich geht in der Landschaft
des Gedichts, es wird traurig und weint,
es verirrt sich sofort und ist beinah Vogel.

Es sind nicht mehr als drei Steine in seinem Raum.
Und, dennoch, das tiefe Knistern
über dem Wasser entfacht die Brände
eines beschädigten Baumes. Das Haus,
die vertrauten Echos: auf einmal
sind sie da, schwingen wie immer
die Bündel des Mittagslichts.

Und vor allem du, du wartest auf
die alltägliche Rose. Aber ich weiß nicht was los ist
mit der Landschaft des Gedichtes,
wo jetzt alles Blume oder Abgrund ist.

II.
Du bist du und meine Umstände,
doch verstehe ich nicht den Geschmack
der kalten Alraune.

Und schau, ich verstehe dich: wenn du ich bist
und ich deine Umstände…
Aber es ist so, ich spreche
die Sprache der Klapperschlangen nicht mehr
nicht einmal das kurze Klimpern
vor dem Zubeißen.

Wir sind eins und unmöglich
ist dieser zivile Pakt des eigenen Chaos.

(Aus dem Buch: *Meine intimen Feindschaften*, 2014)

EL INFINITO.

(Del libro: *Poemas de amor y desmemoria*, 2013)

"Así a través de esta
inmensidad se anega el pensamiento mío;
y naufragar en este mar me es dulce".
"El infinito" G. Leopardi.

...Y, porque el infinito tiembla, es mejor
esperarlo al calor del hogar.
Ver cómo se deshace en llamas su madera
y cómo una dulzura dejaría el espacio
del abandono en simples cenizas. No se acaba
lo que nunca empezó: el infinito tiembla,
sí, tiembla por tu cuerpo, por el sudor antiguo
de tus manos ajadas, por el silencio impuro
e inquebrantable de una herida
que tienes y no tienes mientras callas o ríes.
Ver las crepitaciones, las ascuas rebotar
como viejas palabras que un día se incendiaron
en ráfagas de sombra y ahora son el eco
de los amaneceres apagándose en ti.
Mas no temas: no acaba lo que nunca
ha empezado: mañana es el momento
de temblar.

DIE UNENDLICHKEIT

„So wird durch diese
Unermesslichkeit mein Denken überschwemmt;
und in diesem Meer unterzugehen ist Süße für mich".
„Die Unendlichkeit" G. Leopardi.

... Und, weil die Unendlichkeit zittert, ist es besser
sie in der heimischen Wärme zu erwarten.
Sehen wie ihr Holz in Flammen aufgeht
und wie eine Süße den Raum der Verlassenheit
in einfacher Asche zurück ließe. Es hört nicht auf
was niemals begann: die Unendlichkeit zittert,
ja, sie zittert wegen deines Körpers,
wegen des alten Schweißes
deiner verbrauchten Hände, wegen der Stille,
unrein und unerschütterlich, von einer Wunde
die du hast und doch nicht hast,
während du schweigst oder lachst.
Das Knistern sehen, das Auflodern der Glut
wie alte Worte, die sich eines Tages entzündeten
in Schattenblitzen und nun das Echo
des Morgengrauens sind, die in dir erlöschen.
Aber fürchte dich nicht: es hört nicht auf was niemals
begann: Morgen ist der Moment
zu zittern.

(Aus dem Buch: *Gedichte von Liebe und Vergessen*, 2013)

ANTONINO NIETO RODRÍGUEZ

Poémica.
Viene como nunca la primavera, llega feroz de la hondura de la ciénaga.

.1
besos y abrazos
contra el despilfarro de la eternidad
besos y abrazos

y lo que de impuntualidad alcancen las sombras

cosas que el que tiene boca, escupe

de la vaciedad sin fin, la indiferencia
no los bendecidos por la insaciable morosidad de la esperanza
hablo del abismo
de la incaducable podredumbre dilapidando a pulso letras y números

contra el sopor de la mortalidad creciente, besos y abrazos
contra el grito y sus afluentes –la risa, el amor, la amistad- besos y abrazos

y lo que del nunca desgobiernen los venenos que tu corazón supure

.1
porque no creo en nada, actúo
amplío el tiempo reduciendo el abismo a lengua
a puño contra el corazón del olvido

.1
no más información...

ningún horizonte
nada la palabra

niebla en el solar de la risa

jinetes del aire lo aún por saber

la traición
cosa del pasado
como los ojos

no más información

nada de oraciones, restas, rentas
los dientes
cosas del pasado
las arañas, como los besos o el corazón de la bestia,
cosas del pasado
como el viento

no más información

nada de coartadas mentiras dioses
la verdad es cosa del pasado
el pasado mismo,
eructo, sí, cosa del futuro

.1
la fiesta era eso
esconderse luz
guía o engaño contra el descifrado de las sombras

la fiesta era eso: matar estafar reír
la sangre? lo que la fe lavaba

ha llegado el tiempo
siempre es llegado el tiempo

no preguntas
no respiras
no comes...

eres ola
respuesta

alimentas
la verticalidad del crimen

¿la hemorragia del deterioro para afianzar la inutilidad de cualquier principio?
resuelves el acertijo repitiéndote nada: polvo: región sin muertos
¿venganza o consecuencia?
ningún principio, nada: ningún grito o carcajada araña la condena de estar vivo,

o muerto... ni siquiera el haber sido nacido

la fiesta era eso: destruir, no conservar
y en ese destruir, el voraz masticado del saber
sólo el voraz masticado,
ni siquiera el consuelo

.1
forman parte del cupo de adicciones del nacido: las guerras,
ya sabes, cumplir con los sueños aunque sea queriendo

del olvido, la memoria de nunca más ser lo que nunca fuiste:
polvo, por ejemplo,
o risa alegría placer,
ya sabes,
el carcaj de vísceras esparcidas por doquier para manutención del
amo y sus felices
agónicas
indestructibles crueldades

regiones del aire gozosamente devoradas:
el corazón y sus insignes matarifes,
a saber,
la libertad de usar y tirar cualquier cosa que,
por útil o inutilidad decreciente,
apuntale la necedad de la esperanza

también lo invisible que en ti alumbre
cualquier posibilidad o resto de lo aún por vivir

lo vivo, he ahí al asesino:
la mortaja que te arrastra vientre en extinción

forman parte del renglón de la condena: las victorias, por ejemplo,
todo aquello que alimenta a la rueda que te distribuye
vivo
corazón sintiente

(poémica de Antonino Nieto Rodríguez a partir de poemas de su poemario "El ojo del abismo toma de la mano el arco iris").

Poemik.
Es kommt der Frühling wie nie zuvor, er kommt gewaltig aus der Tiefe des Sumpfes.

.1
Küsse und Umarmungen
gegen die Verschwendung der Ewigkeit
Küsse und Umarmungen
und das, was an Unpünktlichkeit die Schatten erreichen

Dinge, die, wer einen Mund hat, ausspuckt

von endloser Leere, Gleichgültigkeit
nicht die Gesegneten von der unstillbaren Säumigkeit der Hoffnung/ Gesegneten
ich spreche vom Abgrund
des unendlichen Verfalls, auf eigene Faust Buchstaben und Nummern vergeudend

gegen die Benommenheit der steigenden Sterblichkeit, Küsse und Umarmungen
gegen den Schrei und seine Begleiter – das Lachen, die Liebe, die Freundschaft- Küsse und Umarmungen

und das, was aus dem niemals die Gifte, die dein Herz absondert, außer Kontrolle bringen

.1
denn ich glaube an nichts, ich handle
ich weite die Zeit aus, indem ich den Abgrund auf Sprache reduziere
mit der Faust gegen das Herz des Vergessens

.1
keine Informationen mehr

kein Horizont
nichts das Wort

Nebel in der Sonne des Lachens

Reiter der Luft, das, was noch zu erfahren ist

der Verrat
eine Sache der Vergangenheit
wie die Augen

keine Informationen mehr

keinerlei Gebete, Abzüge, Einkünfte
die Zähne
eine Sache der Vergangenheit
die Spinnen, wie die Küsse oder das Herz der Bestie,
eine Sache der Vergangenheit
wie der Wind

keine Informationen mehr

keine Alibis Lügen Götter
die Wahrheit ist eine Sache der Vergangenheit
die Vergangenheit selbst,
aufstoßen, ja, eine Sache der Zukunft

.1
das Fest war dies
sich verstecken Licht
Wegweiser oder Betrug gegen das Entziffern der Schatten

das Fest war dies: töten betrügen lachen
das Blut? Das, was der Glaube reinwusch

die Zeit ist gekommen
immer ist die Zeit gekommen

du fragst nicht
du atmest nicht
du isst nicht...

du bist Welle
Antwort

du ernährst
die Vertikalität des Verbrechens

die Blutung des Zerfalls, um die Nutzlosigkeit jeglichen Grundsatzes
zu bekräftigen?
du löst das Rätsel indem du dir nichts wiederholst:
Gegend ohne Tote
Rache oder Konsequenz?
Kein Grundsatz, nichts: kein Schrei oder Lachen kratzt an der Strafe
des Lebendigseins,
oder tot... nicht einmal, das Geborenwordensein

das Fest war dies: zerstören, nicht bewahren
und in diesem Zerstören, das gierige Gekaute des Wissens
nur das gierig Gekaute,
nicht einmal der Trost

.1
sie sind Teil der Gesamtheit der Süchte des Geborenen: die Kriege,
du weißt schon, die Träume erfüllen, sei es nur willentlich

des Vergessens, die Erinnerung daran, nie mehr das zu sein, was du nie warst:
Staub, zum Beispiel,
oder Lachen Freude Genuss,
du weißt schon,
der Köcher der Eingeweide, überall verstreut zum Unterhalt des Besitzers und seiner glücklichen
mit dem Tode ringenden
unzerstörbaren Grausamkeiten

Gegenden der Luft, genüsslich verschlungen:
das Herz und seine vortrefflichen Schlächter,
und zwar, die Freiheit, jedwedes Ding zu benutzen und
wegzuwerfen, die, aus sinkender Nützlich- oder Nutzlosigkeit,
die Torheit der Hoffnung abfinge

auch das Unsichtbare, was in dir erleuchte
jegliche Möglichkeit oder Rest von dem, was noch zu leben ist

das Lebendige, hier habe ich den Mörder:
das Leichentuch, das dich hinterherschleift Bauch im Aussterben

sie sind Teil der Zeile der Strafe: die Siege, zum Beispiel,
all das, was das Rad antreibt, das dich verbreitet
lebendig fühlendes Herz

(Poemik von Antonino Nieto Rodríguez basierend auf Gedichten seines Gedichtbandes **„Das Auge des Abgrunds nimmt den Regenbogen bei der Hand"**)

Antonio Ruiz Pascual

A SUSANA CHÁVEZ (1)

20 uñas rotas, Susana,
y aún respiras entregada a los ciclones,
una mano amputada brillando
ante las bestias
y aún respiras más viva ante la muerte;
no pudieron violar tu piel,
tus versos, poeta,
ante los resplandores rostros
de la furia;
es tu palabra un filo en el horizonte,
una herida de rebeldía,
un hemisferio
que le arranca velos a la niebla;
no te lloraremos
ni en la tempestad ni en la calma
porque estamos contigo
esperando el día en Juárez,
donde calienta el sol para el mundo
contigo, donde no hay pésames tristes,
dueña de la sangre y las cenizas;
dejaremos a los perros
ladrando a tus asesinos,
mujer infinita,
que arrancas el daño a la ternura;
señora de océanos
mecidos de espaldas al olvido,
porque estás viva para siempre,
donde hemos vencido el miedo
rompiendo el silencio como pueblo,
marcando los acentos,
susurrando verbos;
los gestos, donde los relojes
dejaron de ser tiempo
entre el aliento y la certeza,
amaneces luchando,
doblando las esquinas de las calles,
pieza indomable,

héroe que danzas en las columnas;
siempre estarás implacable
en cada espacio conquistado,
nosotros estaremos contigo
despertando los rostros en la arena,
levantando a los muertos
de sus mantras sagrados,
más allá del odio y la venganza.

(1).- Poema dedicado a Susana Chávez, por saber que la poesía es un arma combativa, que puede con la sangre, el polvo y el tiempo, porque siempre será la heroína eterna, que a través de las estrofas le hizo un pulso a la violencia y la ganó, porque su razón precederá a través de los tiempos.

A ciegas la larga vela
y unos ojos se abren para siempre
hablo del corazón frente a la muerte
Susana Chávez.

FÜR SUSANA CHAVEZ (1)

20 zerbrochene Fingernägel, Susana,
und noch immer atmest du,
den Wirbelstürmen hingegeben,
eine leuchtende, amputierte Hand
gegenüber den Bestien
und noch immer atmest du,
lebendiger im Angesicht des Todes
sie konnten deine Haut nicht missbrauchen,
deine Verse, Dichterin,
vor den glänzenden Gesichtern
der Wut;
ist dein Wort eine Linie am Horizont,
eine Wunde der Rebellion,
eine Hemisphäre
die dem Nebel die Schleier herunterreißt;
wir werden nicht um dich weinen
weder im Sturm noch in der Ruhe
denn wir sind bei dir
warten auf den Tag in Juárez,
wo die Sonne wärmt für die Welt
mit dir, wo es keine traurigen Beileidsbekundungen gibt,
Besitzerin des Bluts und der Asche;
wir werden die Hunde
deine Mörder verbellen lassen,
ewige Frau,
die du der Zärtlichkeit den Schaden entreißt;
Frau der Ozeane,
die sich mit dem Rücken zum Vergessen wiegen,
denn du bist für immer am Leben,
wo wir die Angst besiegt haben
indem wir als Volk die Stille zerbrechen,
Akzente betonen,
Verben murmeln;
die Gesten, wo die Uhren
aufgehört haben Zeit zu sein
zwischen dem Atem und der Sicherheit,
wachst du kämpfend auf,
biegst um die Straßenecken,

unbezwingbares Stück,
Held, der du in den Spalten tanzt;
du wirst immer unerbittlich
in jedem eroberten Raum zu finden sein
und wir werden bei dir sein
die Gesichter im Sand aufweckend
die Toten aufhebend
aus ihren blutigen Mantras,
jenseits von Hass und Rache.
-----.

(**1**).- Dieses Gedicht ist Susana Chávez gewidmet, denn sie weiß , dass die Poesie eine Waffe im Kampf ist, die gegen Blut, Staub und Zeit gewinnen kann, da sie immer die ewige Heldin sein wird, die durch Strophen die Gewalt geschlagen hat, denn ihr Verstand wird über alle Zeiten hinweg andauern.

Blind die lange Wache und Augen, die sich für immer öffnen
ich spreche aus dem Herzen im Angesicht des Todes
Susana Chávez.

EL HOMBRE SE LEVANTA DEL SUELO

El hombre se levanta del suelo vencido
con las viejas historias entregadas a los astros;
con la metáfora en la piedra y la conciencia desolada,
se levanta desnudo mostrando sus pectorales;
su rabia dolida, pero quijotesca,
dispuesto a la lucha, sin armadura,
sin miedo a la pólvora;
su gesto no es suicida,
consume corazón, sombra de roble,
como un Cristo cotidiano que no se crucifica,
que no es Dios;
un hombre sin corona, rodeado de espinas
que a golpes
se arranca el sudor de animal domesticado,
de película muda,
y grita como si fuera un buey con su mugido,
grita como si saliera otra vez del vientre de la madre,
se levanta con el cadáver de su hermano
y las ciudades muertas,
no se dejará vencer de nuevo,
aunque le lancen afuera todos los demonios,
todas las ratas que viven en las sombras;
ha venido a vencer,
a transitar de nuevo las calles...

¡Ay, de quien le ponga freno!
Se encontrará con la ropa tirada por el suelo,
con sus manos desnudas
para vencer a sus asesinos,
esos que fabrican reformas laborales,
que roban la vida, la dignidad y el trabajo;
el hombre obrero se levanta
despertando a la idea,
con la trama del tiempo,
ha venido a vencer con una fuerza desmesurada,
acompañado de estudiantes tratados de enemigos,

de profesores arañando las palabras,
médicos jugando en los pasillos con la muerte,
hombres sin casas, con el perfil en las ventanas
de emigrantes sin papeles, dueños de su horizonte,
no tiene retorno; y avanza, siempre avanza,
espantando las sombras
y los muros arrancados a las rocas.

DER MENSCH ERHEBT SICH VOM BODEN

Der Mensch erhebt sich vom besiegten Boden
mit den alten Geschichten, den Gestirnen überreicht,
mit der Metapher im Stein und untröstlichem Gewissen,
er erhebt sich nackt, zeigt seine Brust;
seinen schmerzenden Zorn, aber gleich dem Quijote
bereit zum Kampf, ohne Rüstung,
ohne Angst vor dem Schießpulver,
seine Geste hat nichts selbstmörderisches,
verbraucht das Herz, Eichenschatten,
wie ein alltäglicher Christus, der sich nicht kreuzigt
der nicht Gott ist;
ein Mensch ohne Krone, umgeben von Dornen
der sich mit Schlägen
vom Schweiß des domestizierten Tieres befreit,
vom Stummfilm
und schreit, als sei er ein Ochse mit seinem Gebrüll,
schreit als komme er noch einmal aus dem Bauch der Mutter,
er erhebt sich mit dem Leichnam seines Bruders
und den toten Städten,
er wird sich nicht erneut besiegen lassen,
selbst wenn ihn alle Dämonen vertreiben,
alle Ratten, die im Dunkeln leben;
er ist gekommen, um zu siegen,
um erneut die Straßen entlang zu gehen...

Oh, wer nur versucht, ihn aufzuhalten!
Wird sich seiner Kleidung entledigt auf dem Boden
wiederfinden
mit seinen bloßen Händen
um seine Mörder zu besiegen,
jene, die Arbeitsreformen produzieren,
die das Leben, die Würde und die Arbeit rauben;
der arbeitende Mensch erhebt sich,
weckt die Idee,
durch die Zeit hinweg,
er ist gekommen, um zu siegen mit einer unermesslichen
Kraft,

begleitet von Studenten, die als Feinde bezeichnet werden,
von Lehrern, die die Worte zerkratzen,
Ärzte, die in den Fluren mit dem Tod spielen,
Menschen ohne Obdach, mit dem Umriss in den Fenstern
von Emigranten ohne Papiere, Besitzer seines Horizonts,
er kann nicht zurück; und geht voran, immer voran,
verscheucht die Schatten
und die den Felsen entrissenen Mauern.

LLEGÓ CON TRES HERIDAS (2)

Tres heridas sobre el corazón de estaño,
morfina sobre la camisa rota,
yace un pájaro sobre el peine del bolsillo,
contemplo el hambre en esa esquina,
la fiebre velándome en la noche;
cavándome la carne
golpean los dientes sobre la rabia afilada,
salta la sangre sobre las piedras furiosas
que me encierran,
grito al animal furioso
donde reina el silencio,
la soledad desgarra clavándome en las rejas,
soy Miguel,
con el minuto asesinado en la inocencia:
pasen señores, aquí me espera la muerte.

(**2**).- "Llegó con tres heridas,/ la de la vida, la del amor y la de la muerte." (Miguel Hernández).

ER KAM MIT DREI WUNDEN (2)

Drei Wunden auf dem Herz aus Zinn,
Morphium auf dem zerrissenen Hemd,
ruht ein Vogel auf dem Taschenkamm,
ich betrachte den Hunger in dieser Ecke,
das Fieber, das nachts über mich wacht;
sich in mein Fleisch grabend
schlagen die Zähne auf den geschärften Zorn
springt das Blut über die wütenden Steine,
die mich einschließen,
ich schreie das wütende Tier an
wo die Stille regiert,
die Einsamkeit zerreißt, nagelt mich an das Gitter,
ich bin Miguel,
mit der in Unschuld ermordeten Minute:
Kommt herein meine Herren, hier erwartet mich der Tod.

(2).- "Er kam mit drei Wunden, der des Lebens, der der Liebe und der des Todes." (Miguel Hernández).

Brigitte Lange

Dem Sänger Atahualpa Yupanqui

Sein Name schon wie
Adlernest und Federschlange.
Indianerzüngig wie die Cordillere,
und alle kannten ihn,
Mineros, Gauchos, Campesinos.

Wenn er am Fluß stand
sprachen ihn die Bäume an
mit ihrem Rindenlächeln.
Der Kondor grüßte ihn im Flug,
die Steine trugen ihm
Legenden zu.
Am Abend legte er
die Wurzelhand auf die Gitarre,
umarmte die gekommen war´n,
mit seinen Liedern, umarmte
auch den letzten Stein

Und alle nannten ihn:
Don Ata ...Zauberer,
den Bleibenden. Denn:
**Sie haben das Gedächtnis
von Königen.**

A la muerte del cantor Atahualpa Yupanqui

En su casa blanca
se apagó el fuego.
El todavía no había vuelto.
Tal vez lo entierren
allí junto al pequeño
hilo de agua
entre Pampas y Palenque
donde va todos los días el campesino.

Tal vez está
agachado y sonriente entre ellos
y la guitarra canta
al sendero de los indios
que cruza los ríos
la nuca de la montaña,
al trigo y a la lluvia de tormenta
por la tarde,
al largo camino...

Puede ser, puede ser
que le canten a él
como él una vez cantó a Don Pablo:
gracias por tus versos, por tus canciones
que vuelan con las golondrinas.
Ata nuestro, las penas, tú sabes,
las penas tarden en marchar,
no marchan nunca.
Desde hace cinco siglos.

Largo es el camino
Ata nuestro,
e incontables los sueños.
Nos van a comer.
En la segunda vida la leyenda
no produce sombras.

Nada más, Amigo!
(Liedtext)

Wenn die Zeit dich so trancilo macht,
weil die rosa Lügen aufgebraucht
und die liebe Liebe sich ganz sacht
wie das letzte Cigarillo aufgeraucht.
Wenn du nicht mehr gegen alte Mühlen
oder Mückenschwärme kämpfen magst,
sitzt du endlich zwischen allen Stühlen,
wie der von la Mancha und du sagst:

**Zum Bleiben zu wenig, zum Gehen zu viel,
zum Hassen zu fad und zum Lieben zu steril.
Zum Heulen zu lau und zum Lachen zu dumm,
also nimm schon den Hut, du kommst eh nicht drumrum!**

Wenn du dann so an den Anfang denkst -
fünfzehn Jahre oder sogar mehr -
und das Okular nach hinten schwenkst,
dann fühlste dich ganz unbeschreiblich leer.
Und bemerkst in deiner Paralyse,
all die Muster ähneln sich fatal:
Heißes Herz und meistens kalte Füße.
Glaubtest viel zu oft, das sei egal.

(gesprochen:)
siempre el mismo, que una mierda para ti!

**Zum Bleiben zu wenig, zum Gehen zu viel,
zum Hassen zu fad und zum Lieben zu steril.
Zum Heulen zu lau und zum Lachen zu dumm,
also nimm schon den Hut, du kommst eh nicht drumrum!**

Wenn du dich dann aus dem Sattel machst
oder wie du dich auch immer drehst:
Es ist wahr, dass du noch lachst,
und stolz auf deinen eigenen Füßen gehst.
Ciertamente, da ist Blut geflossen,
selbst die Rosinante will nicht mehr,
und du fühlst dich ganz schön angeschossen -
nada más, Amigo, alles halb so schwer!

(gesprochen:)
Si, si, si - me siento como idiota,
no, no, no, no lo comprendo....
adiós amigo, adiós..............adiooooos!

Nada más, Amigo
(Canción)

Si el tiempo te pone tranquilo
porque se gastaron las mentiras
y el amor poquito a poco
esfumado como el último pitillo
No quieres luchar contra viejos molinos
ni contra enjambres de mosquitos
estás en todo y en nada
y dices como el de la Mancha:

**Para quedarse muy poco, para marcharse de más
para odiar es muy soso, para amar muy banal
para llorar muy templado, para reír muy patán
Así que coge el sombrero, y no vengas por acá**

Cuando piensas en los comienzos
hace quince años o aún más
y giras la óptica hacia atrás
te sientes indescriptiblemente hueca
y en tu parálisis descubres
que los ejemplos son fatalmente parecidos:
corazón caliente y pies casi siempre fríos,
Demasiadas veces pensaste que daba lo mismo.

(Estribillo.)
Para quedarse muy poco...

Entonces bajando del sillín
o girando como siempre
es verdad que aún ríes
y vas orgullosa sobre tus pies
Ciertamente, han rodado cabezas

ni el *Rocinante* quiere más
tú te sientes bien herida -
nada más, Amigo, así que ya está

(hablado)
*Si, si, si - me siento como idiota,
no, no, no, no lo comprendo....
adiós amigo, adiós – adiooooos!*

Brunhild Hauschild

Aktsitzen

Zehn Augenpaare durchdringen das Licht
suchen nach Spuren in meinem Gesicht.
Zehn Augenpaare, konzentriert, gebannt
lenken den Stift in ihrer Hand.
Zehn Augenpaare tasten und blicken,
ich höre das leise Kratzen und Klicken,
sehe in weit entrückte Gesichter,
spüre das Flackern der Augenlichter,
höre das Knistern der Spannung im Raum,
sitze und träume und atme kaum.

Fühl' mich nackt, wenn ich schon gehe,
mich noch im Spiegel der anderen sehe.

03.04. 2012/ 10.03. 2014

Modelo para un desnudo

Diez pares de ojos penetran la luz
Buscan huellas en mi rostro.
Diez pares de ojos, concentrados, cautivados
manejan el lápiz en su mano.
Diez pares de ojos palpan y miran,
oigo rascones y chasquidos bajos,
veo ensimismadas caras lejanas,
siento el parpadeo de la luz de sus ojos,
oigo el crepitar de la tensión en el cuarto
sentada, soñando y respirando apenas.

Me siento desnuda, cuando ya me voy,
viéndome aún en el espejo de los demás.

03.04.2012/ 10.03.2014

Auf Kriegspfad wieder und wieder

Kaum ist Afghanistan aufgegeben,
schon rufen die Obama-Bush-Trommeln
zum Kriegspfad nach Syrien.
Chemiewaffeneinsatz,
der meist Zivilisten entstellt und langsam zerfrißt.
Milliarden in die Pharma- und Chemiekonzerne.

Und wenn das nicht ausreicht,
rufen die Trommeln nach Isreal und in die Palästinensergebiete.
Milliarden für die Rüstungsindustrie.

Und wenn es dann immer noch Länder gibt,
die sich offen gegen die selbsternannte
Weltmacht stellen,
dann hetzt man mit Hilfe der Medien
solange, bis ehemals Freunde
Krieg gegen sich führen,
dann geschehen eben aus Versehen
Flugzeugkatastophen.

Leider, leider sagen sie,
hier hat die NSA nichts sehen und hören können.

Unsere Ohnmacht
ist unterlassene Hilfeleistung.
Frieden kostet halt Mut,
Kriege kosten Leben.
Trommeln wir für den Weltfrieden!

22.07. 2014

En pie de guerra otra y otra vez

Apenas han abandonado Afganistán
y ya llaman los tambores de Obama y Bush
a la guerra en Siria.
Uso de armas químicas
que casi siempredesfiguran y devoran lentamente a los civiles.
Miles de millones para las multinacionales farmacéuticas y químicas.

Y si esto no es bastante,
llaman los tambores hacia Israel y los territorios palestinos.
Miles de millones para la industria armamentística

Y si después aún quedan países
que se posicionan abiertamente
contra la autoproclamada potencia mundial
se les acosa con ayuda de los medios
durante el tiempo necesario, hasta que antiguos amigos
se hagan la guerra,
y después suceden, como por descuido,
catástrofes aéreas.

Lástima, lástima, dicen,
aquí la NSA no ha podido ver ni oír.

Nuestra impotencia
es omisión de auxilio
la paz cuesta valor
las guerras cuestan vidas.
¡Repiquemos los tambores por la paz mundial!

22.07. 2014

Fadenkreuz

Man nennt es
im Fadenkreuz der Ermittlungen,
wenn Kommissare
kreuz und quer ermitteln,
immer einem Faden folgend.
Es kann schon ein Kreuz sein
mit diesem,
ob rot oder seiden
oder gar Strick.

Man nennt es
im Fadenkreuz der Poesie,
wenn Lyriker
quer Beet und doch
ihrem roten Faden folgend,
Gedanken und Empfindungen festhalten.

Man nennt es
im Fadenkreuz der Gefühle,
wenn Verliebte
hin- und hergerissen
himmelhochjauchzend,
zu Tode betrübt
ihre Herzen zerbrechen. ----

Es ist schon ein Kreuz!

14.11. 2013

Cruce de hilos

Se está
en el visor de las investigaciones
cuando los comisarios
investigan aquí y allá
siempre siguiendo un hilo.
Puede tener forma de cruz
ser rojo o de seda
o de calceta

Se está
en el visor de la poesía
cuando los poetas
al tuntún y sin embargo
siguiendo un hilo director
fijan pensamientos y sensaciones

Se está
en el visor de los sentimientos
cuando los enamorados
entre la espada y la pared
gritando jubilosos
mortalmente disgustados
se rompen los corazones

¡Ay si es una cruz!

14.11.2013

Frühling in Istanbul

Schöner als alle Orientteppiche
verzaubert er die Stadt.
Knospen schaukeln
im weichen Wind.

Minarette ragen in's Blaue.
Ihre Spitzen spießen
die zarten Wolken auf.
Wären sie Luftballone,
würden sie jetzt platzen.

Überall Moscheen,
auf jedem Hügel.
Fünfmal rufen die Muezzine.
Kanongleich von Dach zu Dach
dreht ein Kaftan sich aus Klängen.

Die Muslime,
die am Brunnen sitzen,
krempeln sich die Hosenbeine hoch,
schwatzen, lachen eben noch
und waschen sich dann
andächtig ihre sauberen Füße.

Den Orientexpress sucht man vergebens,
der Bahnhof liegt vergessen
in leicht verblichenem
Charme des Jugendstils.
Basare trennen
Zeiten und Welten,
aber bunte Kacheln überall.

Primavera en Istanbul

Más bella que todas las alfombras orientales
la primavera encanta la ciudad.
las yemas tiemblan
en el viento leve.

Los minaretes se elevan en el azul.
Sus picos pinchan
las nubes frágiles.
Si fuesen globos,
reventarían ahora.

Por todas partes mezquitas,
sobre cada colina.
Cinco veces llaman los muecines.
como un cañón de tejado a tejado
se arremolina un caftán de sonidos.

Los musulmanes
sentados al lado de la fuenteremangándose los pantalones,
conversan, se ríen
y después lavan devotamente
sus limpios pies.

Es vano buscar el Orientexpress,
la estación yace olvidada
con el encanto algo desvanecido
del modernismo.
Los bazares separan
tiempos y mundos,
pero azulejos coloridos por doquier

Es vano buscar el orientexpress
la estación yace olvidada
en un estilo algo desvanecido
del modernismo.
Bazares separan
tiempos y mundos,
pero azulejos coloridos dondequiera.

Dorothee Arndt

zeltgefühl

geborgenheit verankert
gegen den wind

die zelthaut leicht geöffnet
fällt der abend
in meine hände

ein dunkler wal, die nacht
schweigen
im lautstarken meer

wärme

der morgen kräuselt sich
unter dem rock
und die sonne
hat meine liebe ausgesprochen

en la carpa

con la superficie de la tela entreabierta
el atardecer cae
en mis manos

seguridad anclada
contra el viento

una ballena oscura, la noche
silencio
en el mar ruidoso

calidez

la mañana se frunce
bajo la bata
y el sol
me expresó mi amor

grün

das grün kam mir wieder zuvor
jedes mal überrascht es mich
wie der erste schnee
wie ein unberührt heller umschlag
steckt es in den zweigen
luftpost
mitteilung an meine lunge
es den knospen gleich zu tun

5 Gedichte zu den Meeresbildern von Emil Nolde

meer

umgib mich wind
behüte mich
umwehe mich
denn ohne dich
fehlt mir
ein teil
von dem
was sehnsucht ist

verde

el verde se me ha vuelto a adelantar
cada vez me sorprende
como la primera nieve
como un sobre de claridad pura
sobre las ramas
correo aéreo
un mensaje para mis pulmón
imitar a los brotes

5 poemas para las marinas de Emil Nolde

mar

rodéame viento
ampárame
porque sin ti
me falta
una parte
de aquello que es la nostalgia

deseo

dame viento y cuerda
dame voz, pecho y valor
velas blancas puestas en la noche
soy una estrella del niño

avanzando hacia la inefabilidad

por favor, plísame un pájaro
una palabra voladora

windiger nachmittag

mich an die wolken hängen
mit geschlossenen augen ihre federn fühlen
mich am windhauch kühlen
und ein lied befreien
aus der luft

nachtsegel

in uns ein anderer schrei
nicht laut
lebendig
über die seele
leise
verlängert über das seelendach
notruf
im schlagenden nachtsegel wind

tarde ventosa

colgarme de las nubes
sentir sus plumas con los ojos cerrados
refrescarme con el aliento del viento
y liberar del aire
una canción

travesía nocturna

llamadas de auxilio
en la batiente vela nocturna
dentro de nosotros otro grito
no alto
vivo susurrado
hasta la nasa del alma
alargado

wurzeln

I

neujahrstage
hinausgeworfener flug von schwalben
über schneebitteren rand
luftwurzeln
arme
die aus der verloren gegangenen erde
hinausragen
tastende tragwerke
unseres gefühls

II

schaue die äste der bäume
wie sie spiegel sind
eines inneren abbildes
unter der erde
sich im dunkel stärker verzweigen
licht, das meine hand berührt -
aufgelöste adern der wurzel

raíces

I

días de año nuevo
vuelo desterrado de golondrinas
sobre el borde amargo de nieve
raíces aéreas
brazos
que de la tierra que se ha perdido
sobresalen
las estructuras palpantes que sostienen
nuestro sentimiento

II

mira las ramas de los árboles
cómo son espejos
de una imagen interior
bajo la tierra
que se ramifican más en lo oscuro
luz que toca mi mano –
venas disueltas de la raíz

luftwurzeln

schau, wie spiegel der wurzeln
die äste der bäume

wasser, fließendes licht

bis in die blüten der bäume
bis in die linien meiner hand

erdfern bilden wir luftwurzeln
sichtbar gewordener mangel
in langgezogenen zellen
aus meinen füßen

aus meinen füßen
treten träume
die erde zu bemalen

durch das offene fenster
kam die sehnsucht
deine haut zu schmecken
aus salzigem stein

unter ihnen
schlafen lilien
und wecken die toten auf
zu einem weiteren begräbnis

raíces aéreas

mira, como espejo de las raíces
las ramas de los árboles

agua, luz que fluye
hasta las flores de los árboles
hasta las líneas de mi mano

lejos de la tierra formamos raíces aéreas
carencia manifiesta
en células estiradas

de mis pies
salen sueños
de pintar la tierra

por la ventana abierta
entró el deseo
de saborear tu piel
de piedra salada

debajo de ellos
duermen azucenas
y despiertan a los muertos
para otro funeral

ich bin im nebel

ich bin im nebel
er verweigert mir den horizont
ich trinke milch
ihre stille ist trüb
milchglasscheibe -
in der ich mich nicht spiegeln kann

ich bin im nebel
wie hart er geworden ist
lässt mich der fels spüren
ich öffne die augen
und wecke ihn
wie einen traum
aus dem schlaf

estoy en la niebla

estoy en la niebla
me niega el horizonte
bebo leche
su tranquilidad es turbia
cristal de vidrio opalino –
en el que no puedo reflejarme

estoy dentro de la niebla
qué dura se ha vuelto
me hace sentir la roca
abro los ojos
y la despierto
como sacando un sueño
del dormir

nachtfischer

du hast das blut aus den netzen gewaschen
und reinigst die innenseite meiner seele
ausfahrt des nachts
berührt meine haut -
wenn die dämmerung
sich in den netzen verfängt

gischt weht an land
echo von blüten aus schnee
ich spüre ihr licht
und vergesse mich
in deiner strömung

pescador nocturno

has lavado la sangre de las redes
y limpias el interior de mi alma
la salida de la noche
roza mi piel –
cuando el crepúsculo
queda prendido en las redes
la espuma es arrastrada a tierra
eco de flores de nieve
siento su luz
y me olvido de mí
en tu corriente

Elsye Suquilanda

Gedichte aus: „Cenicienta de Späti" ; „" Aschenputtel vom Späti"
Übersetzung : Christiane Quandt

Bi-Polar (un dia en Berlin)

Bi-Bi. Polar
o bye-bye Polar
acaso olvidé que soy un oso polar

Bi-Bi. Polar
o bye-bye Polar
acaso olvidé que soy un oso polar

Bi-Polar (ein Tag in Berlin)

Bi-Bi-Polar
oder bye-bye Polar
da hab' ich glatt vergessen, ein Eisbär zu sein

Bi-Bi-Polar
oder bye-bye Polar
da hab' ich glatt vergessen, ein Eisbär zu sein

Berlin Bolita de cristal

Berlin Bolita de cristal
Mundo paralelo sin pensar
Berlin Bolita de cristal
es donde quiero yo estar

Berlin Bolita de cristal
cristal mis acciones
cristal mis iluisones
cristal mi nariz
cristal mi zapatitos

ella es cenicienta de spätti, donde pierdo mi zapatito de cristal

Berlin Bolita de cristal
se un praktikant

Parece que estoy dormida
y de este sueño
no quiero despertar

Berlin bolita de cristal
es donde quiero yo estar

y el niño jamás recogió la bolita de cristal
que su papá le regaló alguna navidad
está en el keller de los olvidos
y es asi como Berlinbolita de cristal nació

Glaskugel Berlin

Glaskugel Berlin
Parallelwelt ganz ohne Bedenken
nur hier möchte ich sein

Glaskugel Berlin
Gläsern meine Taten
Gläsern meine Hoffnung
Gläsern meine Nase
Gläsern meine Schuhe

sie ist das Aschenputtel vom Späti, wo ich meinen gläsernen
Schuh verliere

Glaskugel Berlin
sei ein Praktikant

Es ist, als würde ich schlafen
und ich will nicht
aus diesem Traum erwachen

Glaskugel Berlin
Hier möchte ich sein

und das Kind wollte sie nie hervorholen,
die Glaskugel zu Weihnachten
die der Vater ihm hatte schenken wollen

sie liegt im Vergessenskeller bei den Kohlen
und so wurde die Glaskugel Berlin geboren.

Poeta Desnudo (versión de zapateo)

Descubrí que:
llevaba cada día un arnés
un arnés de policía
de policía?

No me gustaba esa extraña sensación
de sentirme policía

Me escapé recientemente de ese arnés de policía,
y fui feliz como mariposa en la nariz de Kinsky
como mariposa en la nariz de Kinsky
Kinsky

sentí la pureza de los destilados campos
donde las cucarachas suelen dar sus tertulias
sentí que jamás fui policía
sentí absoluta libertad
alivio absoluto
pese a que tengo un arnés,
sentí que siempre fui y jamás dejé de ser un POETA DESNUDO
de ser un POETA DESNUDO
POETA DESNUDO
POETA DESNUDO

con los ojos, los sentidos y los bailes de los dedos

Nackter Dichter (Version zum Stampfen)

Nackter Dichter
Nackter Dichter

Ich weiß jetzt:

Nackter Dichter
Nackter Dichter

Ich weiß jetzt:
dass ich jeden Tag einen
Polizeiharnisch trug
Polizei-?

Es gefiel mir gar nicht
mich wie Polizei zu fühlen

kürzlich bin ich aus dem Polizeiharnisch geflüchtet,
und war glücklich wie ein Schmetterling auf der Nase von
Kinsky
ein Schmetterling auf der Nase von Kinsky
Kinsky

ich spürte die Reinheit der destillierten Felder,
wo die Schaben immer ihren Stammtisch abhalten
ich spürte, dass ich niemals Polizei war

ich spürte völlige Freiheit
völlige Erleichterung

ich spürte, dass ich niemals aufgehört hatte, NACKTER
DICHTER zu sein und es immer sein würde
immer NACKTER DICHTER
immer NACKTER DICHTER

mit den Augen, den Sinnen, dem Tanz meiner Finger

Nadie me pregunta que tengo en la billetera

Llevo
los pelitos de Bebeto
San Gregorio Hernández
a Julieta Azucena
San Junior de las Mercedes

llevo
Nam-Myoho-Renge-Kyo-

llevo
un Organspendeausweis
donde en caso de mi muerte
mis órganos SI serán donados

Llevo sueños
llevo magia
llevo la tarjeta de mi abogado

llevo
una trajeta de una dulcería Nórdica en la Stargartnerstrasse
a la cual me le estampan un monito cada vez que compro mis dulces
llevo
la cédula de identidad de la República del Ecuador, aún emplasticada
con mica

llevo
mis trajetas personales
llevo la tarjeta de crédito más utilizada
mi Techniker Krankenkasse

Todo esto en la billetera de mis sueños,
todo esto en mi billetera amarilla con dinosaurios y tiranosaurios
verdes
quienes me protegen de los enemigos,
y hasta han hecho uunas bombitas en color rojo que dicen:

-damm, shit, fuck!

Lo curioso es que nadie me pregunta que llevo en mi billetera

Niemand fragt,
was ich im Geldbeutel trage

Ich trage
die Härchen von Bebeto
den Heiligen Gregorio Hernández
Julieta Azucena
und den Heiligen Junior de las Mercedes

ich trage
Nam-Myoho-Renge-Kyo-

ich trage
einen Organspendeausweis
der sagt, dass meine Organe im Fall
meines Todes GESPENDET werden

ich trage Träume
trage Magie
trage die Karte meines Anwalts

ich trage
die Karte einer skandinavischen Konditorei in der Stargarderstraße,
auf die mir jedes Mal ein Äffchen gestempelt wird, wenn ich Süßes
kaufe
trage
den Ausweis der República del Ecuador, noch eingeschweißt in
Plastikfolie

ich trage
meine persönlichen Karten
die meistgebrauchte Kreditkarte
der Techniker Krankenkasse

All das im Geldbeutel meiner Träume,
all das im gelben Geldbeutel mit grünen Dinosauriern und
Tyrannosaurus-Echsen,
die mich vor meinen Feinden beschützen,
und die sogar ein paar kleine rote Bomben-Blasen machen, in denen
steht:

-damm, shit, fuck!

Das Seltsame ist, dass mich niemand fragt, was ich in meinem
Geldbeutel trage

Frank Wegner-Büttner

Bötzssee bei Strausberg 3. 10. 2010
Ulrich Grasnick in Dankbarkeit gewidmet

Im Windschatten des Dichters
lese ich seine Verse.
Meiner Stimme lauschend
schaut er mir über die Schulter,
verfolgt jedes Wort.
Hin und wieder geht sein Blick
zum anderen Ufer.
Ich lege das Buch beiseite
Vor uns entdecken wir
eine umgestürzte Birke.
Ihre Krone scheint aus dem See zu trinken.

Schwarzer Schwan

Du stolzer Schwan
mit dem geschwungenen Hals,
schönes Tier,
dein Schnabel zeigt in die Tiefe.

Was siehst du auf dem Grund? –
Das Dunkle
vielleicht,
das in dir sich spiegelt?

Bötzssee de Strausberg, 3-10-2010
dedicado, con gratitud, a Ulrich Grasnick

Al abrigo del poeta
leo sus versos.
Atendiendo a mi voz
me mira por encima del hombro
persigue cada palabra.
De tanto en tanto su mirada se dirige
a la otra orilla.
Dejo de lado el libro.
Ante nosotros descubrimos
un abedul caído.
Su copa parece beber del lago.

Cisne negro

Tú cisne orgulloso
con el cuello curvado
bello animal
tu pico señala hacia el fondo.

¿Qué ves en el suelo? -
¿Tal vez
lo oscuro,
que se refleja en ti?

ALEXA IN BERLIN

Kathedrale postmodern
Heilsbringende Kauflust
Befriedigend nicht nur für Senioren
Alles hat seinen Preis
Manchmal teuer, manchmal weniger
Auch Billiges ist zu haben
Für jeden Konsumenten etwas
Klammottengeiles,
Mediageiles
Schnäppchen

Schönheit, Klarheit, Verspieltheit
Ruheplätze für Geplagte und Erschöpfte
Müde vom Schleppen durch das Einkaufsparadies
Geld schläft nie
Ein Werk von vielen für viele
Erdacht von einem, der es wissen müsste
Egal, was du tust, was du hast, was du bist, was du sein möchtest, du bleibst derselbe vom Anfang wie am Ende, ein unvollkommenes Wesen für kurze Zeit.
Doch die will gefüllt sein.

09. November 2011/22. November 2011

Alexa en Berlín

Catedral posmoderna
ansia consumista sanadora
satisfactoria no sólo para los mayores.
Todo tiene su precio
a veces caro, a veces menos.
También hay cosas baratas,
algo para cada consumidor
ropa para enseñar,
tecnología para mostrar,
gangas.

Belleza, claridad, juguetonería
lugares de descanso para los ajetreados y fatigados
cansados de ir arrastrando bolsas por el paraíso comercial.
El dinero nunca duerme
una obra de muchos para muchos
diseñada por uno que debía saberlo:
no importa lo que hagas, lo que tengas, lo que seas, lo que
quieras ser, sigues siendo el mismo
de principio a final, un ser incompleto por breve tiempo.
Que quiere ser ocupado.

Herbert Laschet Toussaint – HEL

AUS EINEM DORF IN NICARAGUÀ

Mit Sandinos guerilleros
die ins dorf nah Salvador
zu den campesinos fahren
mit den kämpfern die da fahren
nimmt das dorf sich etwas vor

Denn die männer auf den wagen
haben ihr gesicht gesehn
in den schriften die sie tragen
hin zum dorf das aufgeschlagen
werde was die zeit geschehn

Sprechen sie das wird uns speisen
da die welt uns hungern läßt
Von dem brot des alphabetes
von dem fleisch des zahlenrechnens
das ist von dem kampf der rest

Tischler zimmerten die bänke
und sie sitzen unterm licht
ihrer funzeln – die gewehre
griffbereit – der schreiben lehrt der
konnt´s im winter selbst noch nicht

Auf den dörfern ruht die arbeit
Nur der krieg ist überall
Und der lehrer schläft bei ihnen
Ihre arbeit ist bis mittags
einzubringen schrift und zahl

Bauernsöhne bringen käse
bauernweiber rohrsaft an
Und die campesinos trinken
und die campesinos fragen
hand und zunge strengt es an

Und des dorfs berühmter kämpfer
liest den eignen namen jetzt
in der zeitung die im dorf bald
von den frauen selbst gedruckt wird
die die redaktion besetzen

Und die schrift der diktatoren
lesen sie mit augen schmal
denn die hatten sie verstanden
als sie lettern noch nicht kannten
Einer schreibt´s für allemal

Kratz sie hin die hoffnungsbringer
kratz die gelbe steinwand auf
Und ein kind führt seinen finger
scharf entlang der krausen dinger
und ein krauses bild fliegt auf

Als die karren abgefahren
war das dorf nicht mehr wie´s war
Und die campesinos waren
jetzt in kampf und schrift erfahren
VIVA NICARAGUA

                              Aug 80

DE UN PUEBLO EN NICARAGUA

Con guerrilleros sandinistas
que van al encuentro de los campesinos
en el pueblo cercano a Salvador
con los luchadores que allí viajan
el pueblo se propone algo

Pues los hombres en el carro
han visto su rostro
en los escritos que llevan
al pueblo que montaron
va a pasar algo en este tiempo

Hable usted eso nos alimentará
ya que el mundo ignora nuestra hambre
del pan del alfabeto
de la carne del cálculo numérico
eso que es el resto de la lucha

Los carpinteros montaron los bancos
y están sentados bajo la luz
de sus candiles – los fusiles
prestos – el que enseña a escribir
aún aprendió el pasado invierno.

En los pueblos descansa el trabajo
sólo la guerra es omnipresente
y el profesor duerme con ellos
su trabajo es impartir hasta el mediodía
letras y números

Los hijos de los labriegos traen queso
las mujeres de los labriegos jugo de caña
y los campesinos beben
y los campesinos preguntan
esfuerzan mano y lengua

Y el conocido luchador del pueblo
lee ahora su propio nombre
en el periódico que es impreso
en el pueblo, por las propias mujeres
que ocupan la redacción

Y la escritura de los dictadores
la leen con ojos entreabiertos
pues ya la habían entendido
cuando todavía no conocían las letras
uno lo escribe para siempre

Ráscale a los amuletos de esperanza
rasca la amarilla pared de piedra.
Y un niño pasa su dedo afilado
a lo largo de las cosas revueltas
y una imagen arrugada sale volando

Cuando los carros se marcharon
el pueblo ya no era como había sido
y los campesinos sabían ahora más
de la lucha y la escritura
VIVA NICARAGUA

Agosto del 80

Jürgen Polinske

Galeano

Weißes, schwarzes, faules Gold
Fünfhundert Jahre waren alle Adern offen
seit zweihundert erst sind Venen zu
strickt die Frau aus Potosi
an ihrem Schal aus Alpakawolle
zum Leib bedecken langt er nicht
und um das viele Blut zu stillen

Erneut wirft Kupfer sich den Poncho über
schnallen Lamas sich die Sporen an
schlafen Jaguar und Puma
nur mit offenen Augen und
bleibt der Kondor auf Höhe
hilft Koka Schmerz betäuben
der beim Wunden schließen frist

2010

Galeano
(Übersetzung: Barbara und José Quevedo)

Oro blanco, negro y moroso,
500 anos estuvieron abiertas las venas,
sólo desde hace 200 anos se cerraron,
teje la mujer de Potosi
su bufanda de lana de alpaca
que no alcanza para cubrirle el cuerpo,
para cauterizar tanta sangre.

De nuevo el cobre se pone el poncho,
las llamas se ponen espuelas,
el jaguar y el puma
duermen con los ojos abiertas,
el condor se queda en las alturas,
la coca ayuda a mitigar el dolor ardiente
cuando se cierra la herida.

2015

Galeano
„ zum Verlieren geboren die Einen,
zum Siegen die Andern ..."

Indios Fluchen ist Flehen

Wir stehen wieder millionenfach im Gewitter
Unser Stöhnen kann den Donner nicht überdröhnen
Warum
verschweißen die Blitze nicht
die offenen Adern
brennen die Wunden nicht aus
zerschmettern die Schwerter
(die Kreuze in den Griffen
mögen als Monstranzen bestehen)

Pachamama
hilf:
Kein Gas und kein Öl
soll mehr brennen
Inti ist heiß genug
Lass Quinua wachsen und Kartoffeln
Mais für Fladen und
Chicha – das Bier
Pachamama
dir spende ich gerne den Trunk

2015

Galeano

„Unos, nacidos para ganar,
los otros, nacidos para perder."

El maldecir del indios es suplicar
(Übersetzung: Barbara und José Quevedo)

Milliones de veces
estamos de nuevo en la tormenta,
nuestros jemidos no pueden acallarse.

Por qué los relámpagos,
las vienas abiertas
no las cicatrizan
y destruyen las espadas
(las cruces en los mangos
pueden seguir existiendo
como custodia)

Pachamama,
ayúdanos!:
Sin gas y sin petróleo
qué debe arder.

Inti noda el calor suficiente,
deja crecer la quinua y las papas,
y el maiz para las tortillas
y la chicha.

Pachamama,
contigo, me gustaria, hecer un brindis.

Die Fähre nach Gran Canaria

ein ziemlich breiter Pott
liegt ruhig in der See
Der Wind geht mäßig
schiebt mich aber schon über das Deck

Kolumbus und Humboldt
um Fahrt zu machen
ließen jeden Fetzen Leinwand setzen

Allein der Gedanke:
Ich müsste jetzt in die Wanten

Mir wird schlecht

El ferry a Gran Canaria

un vapor bastante ancho
descansa en el mar
el viento sopla moderadamente
pero ya arrastra sobre la cubierta

Colón y Humboldt
para partir aprovecharon
cada pedacito de lona

Sólo el pensamiento
de tener que subir ahora al obenque

me pone malo

El Teide

begrüßt uns
mit mannshohem Schnee
mit Sonnenkitzel
einer Aura von Blau
und einem Teufelsfurz
Es riecht nach Schwefel ...

Er könnte auch anders

Gutes Wetter
heißt auf Teneriffa
In der Wolke sein

Dreimal am Mirador de Humboldt
sah ich dreißig Meter in den Nebel
und sonst nichts von Orotava

Beau, was hatte Humboldt
mit seiner Fernsicht
doch für ein Pech

El Teide

nos saluda
con nieve de la altura de un hombre
una cosquilla de sol
un aura de azul
y un pedo.
Huele a azufre

Podría ser de otra manera...

Buen tiempo

quiere decir en Tenerife
estar en la nube

En el Mirador de Humboldt
vi tres veces treinta metros en la niebla
y por lo demás nada de la Orotava

Beau, qué mala suerte
tenía Humboldt
con su vista panorámica

Puris Haus
Casa de la Puri en Tenerifa

Die Azoterra[1] ist Heimat
eines Kräutergartens im Topf
Darüber ein Sternenhimmel
heller als in Berlin
Ich vermisse die vertrauten Bilder
bis auf Orion
Der hat sich drei Jungfrauen
an seinen Gürtel gehängt
Ein Drachenbaum im Garten hütet
Puris Zitronen und die Orangen
Die Hecke glüht rot
und neben der blassblauen Winde
wacht typisch deutsch
ein Zwerg.

Seid hier zu Hause
hatte Puri gesagt

---

[1] Dachterrasse auf Teneriffa

Casa de la Puri

La azotea es la patria
de un jardín de hierbas en macetas.
Sobre ellas un cielo estrellado
más claro que en Berlin.
Añoro las imágenes conocidas
excepto a Orión
quien de su cinturón
colgó a tres vírgenes
Un drago en el jardín protege
los limones y las naranjas de Puri
El arbusto está al rojo vivo
y junto a las enredaderas azul pálido
vigila un enano
típicamente alemán.

Aquí estáis en vuestra casa,
había dicho Puri.

Icod

Ist eine gelbe Kerze
mit Schokoladenflamme

ist ein Teppich aus Kapuzinerkresse
und Rhizinus

ist die Sarghöhle
und gutes Wetter in der Wolke

sind die Einsprengsel von Blau
im überwiegendem Gelb

Icod ist Humboldt
In den besten Farben

Icod

es una vela amarilla
con llamas achocolatadas

una alfombra de capuchina colorida
y ricino con flores color de fuego

son vendajes azules
en los campos verdiamarillos.

Icod es el sarcófago
el final de la peregrinación

drago siempre verde
y buen tiempo en la nube gris

Icod es Humboldt
en sus mejores colores

Was bist Du, Teneriffa

Titsa – das grüne Busunternehmen
das verbindet
Gofio – Gold der Kanaren
Grundlage zu Gemüse und Fleisch
Der Ringkampf, die Feste
Strände und Teide allein
bist du nicht

Die tiefrote Blüte in dunkler Nacht
schon eher
Die kleine schwarze Echse
unterm Drachenbaum
und die Wolke durch die
der Teide pikt
Retamagelb, Anaganebel
der blaue Wald und
des Felsens erhobener Finger
der Dorn im Patschworkteppich
der Blumen

Mein großes offenes Herz
und die Schildkröte
die ruht im Meer.

Qué eres, Tenerife

Titsa – la empresa de guaguas verdes
que une
Gofio – el oro de los canarios
base para verduras y carnes
la lucha canaria, las fiestas
las playas y el Teide
y aún más, mucho más.
La flor carmesí en la noche oscura

la pequeña lagartija negra
debajo del drago
y la nube
que pincha el Teide
Eres el amarillo retama y la niebla de la Agana
el bosque azul y
los dedos elevados del acantilado
una espina en la alfombra de patchwork de las flores

Eres mi gran corazón abierto
y la tortuga
que descansa en el mar.

Maria Gutierez (Puri)
(übersetzt und nachgedichtet: Jürgen Polinske)

Dos girasoles en la esquina del patio vueltos al Este	Zwei Sonnenblumen in der Ecke des Hofes schauen nach Osten
El susurro del viente del norte entre las vidas	Da ist das Flüstern des Windes aus dem Norden zwischen den Reben
Brisa del otono con olor a bagazo y tierra húmeda.	Die Herbstbriese mit dem Duft von Zuckerrohrstroh und feuchter Erde.
Sobre la mugre del coche abandonado cayó la flor	In den Schmutz hinein des verlassenen Autos fiel eine Blüte
Cesa lalluvia El caracol se asoma entre las piedras	Endet der Regen streckt sich die Schnecke zwichen den Steinen lang aus
Lleno de hormigas en el ricón del patio el pajarito	Voller Ameisen hinten in der Hofecke der kleine Vogel

A mediodia
en el muro del piedra
la lagartija

In der Mittagszeit
an der steinernen Mauer
ruht die Eidechse

       para Caty
Revolutioando
tres mariposas blancas
entre las coles

       für Caty
Es flattern
drei weiße Schmetterlinge
zwischen den Sprossen

El perro echado
al frescor del pastillo
la lengua fuera

Der Hund legt sich mit
heraushängender Zunge
in den kühlen Flur

       para Tata
Sótanio oscura
Dos lucitas brillantes:
Maullido

       für Tata
Im dunklen Keller
sind zwei leuchtende Augen
und ein Miauen

Reinhard Kranz

Geschehen verstehen

geschwätzigkeit
auf der tagesordnung
mit polierten zähnen
und zungen
nur dieser fettfleck
am rednerpult
bleibt hartnäckig

es ändert nichts
an der tatsache
und dem kleinreden
der auswüchse
mein verstehen
hält sich in grenzen

und wieder rauch
ich spüre den stoß
irgendein teufel
fährt durch den kamin
rußschwarz schon vorher
als er aus dem panzer stieg
und findet das gras schön grün
auch seine fahne ist grün
der fortgang des geschehens
bleibt unbegreiflich

2015

Entender acontecimientos

verborrea
en la orden del día
con dientes y
lenguas pulidos
sólo esta mancha de grasa
en el atril
es obstinada

nada cambia
este hecho
ni la minimización
de las consecuencias
mi comprensión
es limitada

y otra vez humo
siento el pinchazo
de cierto diablo
que se mueve en la chimenea
ya antes, al salir del tanque
estaba negro de hollín
y la hierba le parece tan verde
el discurrir de los acontecimientos
permanece incomprensible

Abflüge

manche ankunft versäumt
von jehem fall verschont
so auch vom sturzflug
gereizter geier
und nur im fernsehen sah ich
die kreuzigung meines heilands
vor ganz und gar hollywoodklarem
sternenhimmel

hoffnung besteht aus uraltem anlaß
auch wenn heute fußlahme flamingos
und zerzauste pelikane
beklemmenden fluchtmassen gleich
die felder und seen durchstreifen

im zwielicht seh ich frierende
notgelandet auf grenzbahnhöfen
ewige eintracht der scharen
ist nicht zu erwarten
auch anderer leute brüder
werden noch kommen

2015

Despegues

cierta llegada desatendida
salvado de aquel caso
así como también de la caída en picado
de buitres irascibles
sólo en la televisión vi
la crucifixión de mi tierra santa
bajo un cielo absolutamente claro,
un cielo estrellado hollywoodiense

la esperanza consiste en la ocasión antiquísima
aún cuando hoy los flamencos cojos
y los pelícanos alborotados
cual tristes masas a la huida
atraviesan campos y lagos

en la luz crepuscular veo ateridos
a los recién llegados a las estaciones fronterizas
no podemos esperar
la armonía eterna de la multitud
también vendrán aún
los hermanos de otra gente

Slov ant Gali

Hütchenspiel

Ich spiele und spiele;
Im Flutlicht des Ruhestroms
Ich spiele und spiele.

Ich wusste um Lockvögel.
Ich sah sie gewinnen.
Ich setzte Entbehrliches und
keine deiner Bewegungen
könnte meinen Augen entgehen,
dachte ich.

Ich spielte und spielte
Im Glanze des Sonnenlichts
Ich spielte und spielte.

Ich setzte Stück um Stück
mein ganzes Vermögen.
Wohin sollte ich sehen:
Auf deine flinken Finger oder
auf dein Lächeln im Gesicht.
Ich war dir verfallen.

Ich spielte und spielte
Im Rieseln des Regentags
Ich spielte und spielte.

Nach jeder Niederlage
schenktest du mir neues Lächeln.
Ich setzte Hemd und Schuhe
ich setzte den Slip gegen alles,
was du schon genommen.
Welch Lächeln begrüßte meine Blöße.
Vorbeieilende bedeckten mich mit
Mitleidsblicken.

Ich spielte und spielte
Im Trocknen des Gegenwinds
Ich spielte und spielte.

Erst hast du meine Schuldscheine akzeptiert,
dann schriebst du sie mir vor.
Ich hielt sie unbesehen
vor meine geschrumpfte Scham
und verlor sie an dich.

Ich spielte und spielte
Im Blendlicht des Sonnentags
Ich spielte und spielte.

Lass mich Lockvogel sein,
Geliebte,
die du mich nicht liebst.
Einmal durchschaue ich deinen letzten Trick
und mit allem, was je ich gesetzt,
stehe ich auf.
Dann wirst du mich bitten:
Bleib!

Ich werde dich duzen dürfen,
doch dann bist du dran
mit Ausziehen, meine
Lachesis ...

Ich spiele und spiele
Im Flutlicht des Ruhestroms
Ich spiele und spiele.

Trile

Juego y juego
bajo la intensa luz de la señal de bias
juego y juego

Sabía de los ganchos
los vi ganar.
Aposté lo superfluo y
ninguno de tus movimientos
podría escaparse a mis ojos,
pensé.

Jugué y jugué
bajo la luz del sol
jugué y jugué.

Aposté pieza a pieza
toda mi fortuna.
Hacia dónde debía mirar:
a tus ágiles dedos o
a la sonrisa en tu cara.
Me había rendido a ti.

Jugué y jugué
bajo las gotas de un día de lluvia
jugué y jugué.

Después de cada derrota
me ofrecías una nueva sonrisa.
Aposté la camisa y los zapatos
aposté el calzón contra todo
lo que ya habías tomado.
Qué sonrisa saludó mi desnudez.
Los transeúntes me cubrían
con miradas compasivas.

Jugué y jugué
en la aridez del viento en contra
jugué y jugué.

Primero aceptaste mis pagarés,
después me los escribías tú.
Sin mirarlos, los sostuve
ante mi miembro encogido
y los perdí por ti.

Jugué y jugué
bajo la luz cegadora de un día soleado
jugué y jugué.

Déjame ser gancho,
amada,
tú que no me amas.
Por una vez descubro tu último truco
y me levanto
con todo lo que he apostado.
Entonces me pedirás:
¡Quédate!
Podré tutearte
pero ahora eres tú
la que se desnuda, mi
láquesis...

Juego y juego
bajo la intensa luz de la señal de bias
juego y juego.

Freiheitsdenkmal in Trujillo Peru
(nach "Die Lebenskraft oder der rhodische Genius"
von Alexander von Humboldt?)

YORK FREITAG

sa coma saisonende

ins frühblinzeln zuletzt / die ferne
der bettzipfel. Der vorhang der
aus dem blick kippt: ein stück balkon-
brüstung / senkrecht

im auge. Spül diesen balken
hervor: meine träne hat / salz. Viel-
leicht mehr als *el medi-
terráneo* / mit seinem trauer-

horizont im rücken. Stark
auch noch einmal die roterdige
böschung: voller klippen / und seeigel-
stacheln. Man sagt so

sa coma saisonende. In unseren
ohren klingt „talgrund" nach
volkslied- / haft:
raum für geleimte heimaten

Aus: *mallorquinische elegien*

sa coma fin de temporada

pestañeando en la madrugada / la lejanía
de los picos de la colcha. La cortina
que desaparece cayendo de la mirada: un trozo
de varandilla / vertical

en el ojo. lava y saca esta viga:
mi lágrima tiene / sal. Tal
vez más que *el medi-
terráneo* / con su horizonte
de duelo a la espalda. otra vez
la fortaleza de la escarpa
de tierra roja. Se dice

sa coma fin de la temporada. En nuestras
orejas suena "Talgrund"
música popular / -mente:
espacio para patrias encoladas.

de: *mallorquinische elegien*

Weitere zur XX. Cita de la Poesia eingereichte Texte

Frank Wegner-Büttner

Die Dampfschiffe im Museumshafen an der Peenemünder Bucht liegen vor Anker für immer nicht. Heizer aller Länder bringen auf Lastkähnen ihre Fracht über Ost-und Nordsee bis ans Kap der guten Hoffnung und zurück. Vorbei an den Werften, vorbei an den Reedereien an den Küsten der Weltmeere schwimmen sie durch die Ölteppiche vor Burma und Australien, hinter sich den Golf von Mexiko begegnen ihnen die Haifischfangflotten in einer Bucht bei Gibraltar. Die ganze Dampfschiffflotte immer wieder startbereit. Eiserne Öfen und kupferne Kessel warten auf Kohle aus dem Ruhrpott, warten auf Kohle von den Abraumhalden bei Katowice. In Südafrika wurden bereits Diamanten zu Kohlenstaub verdampft für den Nachschub. Auch auf dem Grund, in den schwarzen Tiefen der Ozeane warten die alten rostigen Dampfschiffe vergangener Tage vor sich hin im Wissen: Wir Maschinen schlafen nicht, sind jederzeit bereit zur Bergung für den Flotteneinsatz zum Segelschiffmassaker.

19.01.16

Herbert Laschet-Toussaint – HEL

LÄUFER DES QUIPU

Meine gedanken schlafen unter peyote
Die augen blendet spätes licht
Meine hände ziehen linien
um euch arbeitende dort
an den neuen wohnungen

Ich kannte die spindeln der alten noch
habe die gräber lebender gesehn
Ich trage vom Acamac wasser
gewürzt mit minze und mohn

Ein paar alte wahrheiten im ziegenschlauch
und den tod zur linken
die vicunadecke für den winter
die flöte um die stimmen
zu beruhigen

Wo werde ich morgen sein? wem
den gurtbeutel öffnen der
ein buchenhaus baut?

Wer wird mich begleiten
bis zum nächsten brunnen?
welches tier mich die sprache
des condor lehren?
ich singe morgenlieder zwischen den städten
und den siedlern
unter flügeln von tuff

Vielleicht das ein kind mich weckt
vor dem tag mich
warnt mir den obsidian zusteckt

Ich weiß nicht worauf ich morgen denke
noch wo ich schlafe zur nacht
weiß nicht ob graugänse ziehn
über den wunden himmel
im nächsten jahr

Ich weiß die schlüssel ihrer steine
auch wo augen von jade
Wird speise am weg liegen
wenn ich erwache?

Meine gedanken schlafen unter peyote
Die augen blendet spätes licht
Habt ihr nicht das
eure geregelt? ich weiß nicht
wie lang die nacht dauert

                                                                31.12.79 HEL

TROSTLIED FÜR NADA

Eine ist da die faßt alles zusammen
die fängt das blut auf schlichtet den streit
Eine ist da die läßt dich nicht fallen
Eine ist da die bündelt die zeit

Eine ist da die schreibt in ein buch ein
was du von deinen zetteln streichst
Die weiß es und schweigt und dann singt sie `s den bergen
lange bevor du die berge erreichst

Eine ist deinen weg schon gegangen
wußte die sieben steine im fluß
Eine ist da doch die sollst du nicht fragen
denn ihre antwort ist asche und ruß

                                                             okt 96
                                                           für Oum Kalthoum

Als Du fort gingst Manina
   warst Du ein mädchen vom land
Im lauten Lima hast Du
   das haar nach der mode gebrannt

Du kannst die neuen wörter
   Mein herz horcht immer auf Deins
Trag die nase nur höher
   Dein haar ist so schwarz wie meins

Du warst so staubig vom laufen
   Du arbeitst im marmorhaus
Mein auge tanzt mit dir schwester
   Der himmel kämmt uns heraus

                  (nach Mangin 1970)
                  juni 97

Querida komm aus dem traum
Feuer das ich weine
Die mauer schuldet uns was
Gib deine hand in meine

Der hai lädt die zähne nach
Was haben wir zu laden
Die nacht spielt lotto mit uns
maschinengewehrscharaden

Wer wird gewinnen und wer
wird dann das morden beenden
die mit handschuhen an
die mit den öligen händen?

                  Juli 97

Wir lagen am strand
und siebten den sand
Das zimmer Juans
ist abgebrannt

Die see hat nie
konspiriert mit uns
sie lag auf knien
vor dem Kleinen Hund

Das zimmer Juans
ist abgebrannt
Wir machten nen plan
aus stern und sand

06.02.00 Chile

Werd ich auch schreiben können
   "ich war mit Sandino dabei"?
Ich bin in die berge gekommen
   und bring dir das schreiben bei

Ich kann es erst seit gestern
   und morgen kannst es auch du
Dann ist´s also wahr geworden
   da unten geht´s aufrecht zu

und kleiner ich muß dir erzählen
   Wir kamen von Logtown herauf ...
No holen wir Asuncion und
   Dann schreibt ihr es beide auf   07.09.02

  f Yamandja
Cuje   anderer ort
El Chipote   hauptquartier

CARMELITA VERBLUTET

Carmelita so heißen sie alle hier   klar
Sie kann fliegen weil sie so hungrig war

Ihre finger brachten sie nicht satt
weil die die maschine gefressen hat

Carmelita
   sie wagt für uns alle den flug
   der sie dicht über dächer trug
Carmelita
   ihr dach hat löcher genug

Die maschine an der sie viel zu lange saß
ist abgeschriebm eh sie die finger fraß

Carmelita kam aus der zone heraus
und wo sie verfault sind wir alle zuhaus

Lied der arbeiter in einer Sonderwirtschaftszone

Einer von denen in wüste und glut
verliert nicht den anschluß   verliert nicht den mut
einer von denen ist sänger wie du
   (Woody)
fiedelt zur not auf nem schuh

Einer von denen im ächzenden boot
auf hoher see   in höchster not
einer von denen hört es heraus
   (Woody)
summt einen song von zu haus

Einer von denen die heimatlos sind
im abgrund der stadt   wo die seele verrinnt
einer von denen singt später das lied
   (Woody)
singt was im sturmrot geschieht

                      03.01.07

FÜNF   HOFHAIKU

NEUJAHR
Krachender mulch und
ziegel beete begrenzend
Schneeklaviatur

FRÜHLING
Stiefmutterregen
Alle höfe saufen mit
Katzen auf kohlen

SOMMER
In den bäumen gurrt ´s
Aus den speichern gurrt`s zurück
federn- und fellgrau

HERBST
Eine katze sieht
wie ihr blätterteppich fällt
Halt   nicht der rechen

WINTER
Eine katze sitzt
auf bröckelnder simsinsel
Ein schnurrhaar segelt

                       31.05.98

Reinhard Kranz

Als die Saale noch schwarz war.

einst als ich diente uniformfatal
hauste ich in der vorhölle instanzen
kaum leuchtete hier die sonne
vorbei rauschten am zugabteil bunaschlote
und der bahnsteige ziegelschutt

halden türmten sich aus ruß
verstellten blicke vor den leunaöfen
am grauen tag nur ätzendes gewäsch
so ungefähr des abschieds seitenhieb

mir blieb nichts weiter
als schäbiger gemütsruhe grunzlaut
im wildschütz zu weißenfels
da lortzing rotierte im klubhaus
der vorhang ward zerrissen
die saale klebte schwarz
vorm rattenzuhaus
und darüber die goldenen
jahresplanbrücken
darunter stolperte ich
im strahlenden wendemanöver
durch die hochgejubelten
golddollarkippen

2015

Aussichtsplattform

freizeit wird gegenüber
wunderbar genossen
besucheraussicht
auf dem platten dach
ich meine
der rest kann schweigen
nach solcher heldentat
aus stahl

dies - sagt man
sei der landschaft verheißer
herrliche ansicht
der gezirkelten weitsicht
der letzte zahnlose weise
bewohnt hier nicht mehr
unterm blitzableiter
die sturmwohnung

dies blechgerippe
wär´ lebensmüden
der aufstieg wert
mein gedicht aber
soll die landebahn
mit warnlichtern
umgrenzen

2015

Auszug

trauriges rudern
durch die nacht
das schlauchboot erschlafft
ein vibrieren der masse
bis die bordwand nachgibt

sie schaun in die see
in die grüne tiefe der angst
aufgebrochen aus oasen
gezogen weithin
zum wintergebirge
der tod wartet im ötztal

unzähligen
ins trauergesicht blicken
oder mitlallen
die biblischen sprachen
war ich nicht auch
einst dabei
beim auszug aus ägypten
und später beim schmecken
der tränensüße
bei der befreiung aus der arche

2015

Das Kind schaukeln

manchmal steigt ihre angst hoch
es könnten wehklagen
darunter sein
drahtgeflechte sorgen
für seelenheil und sie schwankt
zwischen stein und mimose

ehemalige nahkämpfer grüßen
mit freund hein in den reihen
am bahnhof der sprachverwirrung
nimmt sie das spalier ab
wir regeln das
und streichelt die kinder

doch der heilige franziskus
lässt nicht mit sich reden
die beichte steht immer noch aus
und ihr buntes fähnchen
flattert im falschen wind

2015

Mummenschanz

geld ist nicht alles
jeder spuk geht vorüber
mich hatte es nur momentan
zwischen aufgescheuchte hühner
verschlagen

die rannten gen golgatha
es war nicht mein weg
aber ich wurde trotzdem
zur behandlung überwiesen
dort waren ellenlange flure
zwischen wänden aus salz

am boden saßen menschen
mit gehäuteten füßen
ich stolperte über den schuttflur
rührselig ziellos
nahm einen kiesel in den mund
gegen das reden
und trat vor einige kinder
die hielten mir ihre hände hin

2015

Unübersehbar

herbstlich wurden die rosen
geköpft
frostfolien gelegt
um die stämme
ich kannte die namen
der blumen und der gärtner
seit ich zwischen den hecken
die scheren schliff

erster reif fiel auf den freitag
da die uhren gefroren
scherben auf der spur
des sommers verstreut
bildschirmweit und asymetrisch
im begonnenen sternenkrieg
ein verlorener ring vor dem tempel
und die tore schlossen sich
augenblicklich vor dem frieden

2015

Slov ant Gali

Exil im eigenen Land

Zu hause einst
trat ich
für meinen
traumvogel
in die pedale

schob ich
bergauf
erfreute mich
zu wissen um
höher gelegene
mühen der ebene

heute
ersticke ich
in sonderangeboten
glasperlentraumvögel
kann ich
reisen in flüchtlingsland
überall

im kühlen keller
wische ich
vom sattel
staub
mit meiner feder
und fliege
in die zukunft
heim

YORK FREITAG

all inclusive

ein jeder – archaisch – in seinen testkörper ge-
packt. Betonung auf *seinen*: mit dem ent-
sprechenden anteil mark. Und dem 37-grad-
fleisch sowie / der noch heißeren außenhaut. Als wär ich

gern du: geboren unter teeniehaar (so strähnig wie
obsolet) / unter den kurzblick ins verheißene. Nichts
auf den bühnen (die – siehe verbotsschild – „kein
spielplatz" / sind doch voller. Clowns gegen abend)

und die claqueure. Stellen / den tag. Nach: dass man sich
hier gleich ins koma begibt. Vielleicht eine art / em-
pathie für fernwest. Weshalb wohl sonst alle – wirklich

alle – in bluejeans-hotpants und spätkindlicher
cellulite: im tanz um / die palme (herbei aus dem chopin-
herbst. Jetzt über die betonränge / des *orient beach*

Aus: *mallorquinische elegien*

Teilnehmer an der XX. Cita de la Poesia Berlin 2016
Participantes en la 'XX-Cita de la Poesía Berlin 2016

Maribel Alonso, Madrid	Extremadura-España, reside en
Antonio Arroyo, España	Las Palmas Gran Canarias, IICC-
Francisco Condori,	Perú, reside en Hamburgo, Alemania
Wilfredo Dorador, <u>desde Chile</u>	Antofagasta, Chile. <u>Viajará a Berlín</u>
María Gutiérrez, Laguna-TF	Islas Canarias-España, reside en La
Olivier Herrera Marín,	País-Valencia-España, reside en París
Antonino Nieto	Madrid-España, reside en Madrid
Sagrario Núñez, Madrid	Murcia, CMU-España, reside en
Milena Ortíz Macaya, <u>desde Chile.</u>	Antofagasta, Chile. <u>Viajará a Berlín</u>
Amelia Peco, Madrid	Cáceres, EXT-España, reside en
Débora Pol,	Madrid-España
Arturo Prado Lima,	Colombia, reside en Madrid
Lelicia Quemada,	Tucumán-México, reside en Madrid
Liuhé-Camilo Rivero, Madrid	Mendoza, Argentina, reside en
Ruth Rodríguez, Toledo	Castilla-Mancha-España, reside en
Andoni K. Ros,	Castilla-Mancha, reside en Madrid
Antonio Ruiz,	Madrid-España, reside en Madrid
Paco Vaquero, Puente, GR	Granada-España, reside en Pinos
Alicia-Noemí Aburto,	Pueblo indígena 'Guasa-Araucano Chile, reside en Madrid
Magali Revollar,	(cantante peruana)

Juergen Polinske	José Pablo Quevedo
Almut Armélin	Ulrich Grasnick
Marko Ferst	Frank Wegner-Büttner
Reiner Müller	Dorothee Arndt
Petra Namyslo	Brunhild Hauschild
Slov ant Gali	York Freitag
Brigitte Lange	Annette Kaufhold
Reinhard Kranz	astrid Salzmann
Elsye Suquilanda	Dagmar Neidigk
Jürgen Molzen	Michael Manzek
Aschraf Golpoigani	Herbert Laschet (HEL)

Postum: Charlotte Grasnick
Elisabeth Hackel
Hartmut Sörgel

Programm der XX. Cita de la Poesia 2016

Mittwoch, 25. Mai, 19.30 Uhr: Bürgersaal Kulturzentrum Alte Schule Adlershof, Dörpfeldstraße 54, 12489 Berlin –
Auftaktveranstaltung –

Musikalische Begleitung: Brigitte Lange, Gitarre und Gesang.

Die 20. Cita de la Poesia: Dichterbegegnung Lateinamerika – Spanien - Berlin

wird veranstaltet vom Köpenicker Lyrikseminar/Lesebühne der Kulturen Adlershof (Leitung: Ulrich Grasnick), der Humboldt - Universität zu Berlin in Zusammenarbeit mit dem Bezirksamt Treptow-Köpenick von Berlin /Fachbereich Kultur und Museum/Kunstverleih. Es nehmen teil spanische und lateinamerikanische Dichterinnen und Dichtern (POETAP) sowie Vertreter der Friedrichshagener Vers-Werkstatt („Poeten vom Müggelsee"), des Friedrichshainer Autorenkreises (FAK) und des Köpenicker Lyrikseminars/Lesebühne der Kulturen Adlershof. Die Veranstaltung ist dem Gedenken an die Dichterinnen Charlotte Grasnick und Elisabeth Hackel gewidmet. Zeitgleich findet die Ausstellung „Landschaft der Worte – Hommage à Charlotte Grasnick und Elisabeth Hackel" von José Pablo Quevedo vom 25. Mai bis 24. Juli 2016 im Bürgersaal statt.

Donnerstag, 26. Mai: Jacob-Wilhelm-Grimm-Zentrum (Bibliothek der

Humboldt - Universität zu Berlin), Geschwister-Scholl-Straße 1-3, 10117 Berlin

10.30 Uhr: Seminar/Werkstatt: Lesung und Gespräche

14.00 - 15.00 Uhr: Seminar

Donnerstag, 26. Mai, 17.00 Uhr: Bürgerinitiative Ausländische MitbürgerInnen e.V., Neustrelitzer Str. 63, 13055 Berlin

Musikalische Begleitung: Brigitte Lange, Gitarre und Gesang.

Die Lesung und Ausstellung wird zum Gedenken an den Poeten Hartmut Sörgel veranstaltet. Teilnehmer: spanische und lateinamerikanische Dichterinnen und Dichtern (POETAP) sowie Vertreter der Friedrichshagener Vers-Werkstatt („Poeten vom Müggelsee"), des Friedrichshainer Autorenkreises (FAK) und des Köpenicker Lyrikseminars/Lesebühne der Kulturen Adlershof.

Freitag, 27. Mai: Jacob-Wilhelm-Grimm-Zentrum (Bibliothek der Humboldt - Universität zu Berlin), Geschwister-Scholl-Straße 1-3, 10117 Berlin

10.30 Uhr Seminar/Werkstatt

14.00 POETAP: Gespräche zwischen den Organisationen, die sich an der XX. Cita de la Poesía beteiligen, Gespräche

Sonnabend/Sonntag 28/29. Mai:

Freizeit (Programm für die ausländischen Gäste)

Potsdam Cecilienhof und Park Sans.couci, Böhmisches Dorf Berlin und

Treptower Park bzw. Friedhof Friedrichsfelde

Inhaltsverzeichnis

	Seite
Mottogedicht der XX. Cita de la poesia	
Jürgen Polinske	6
Stefanie Golisch	
Du	8
Anette Kaufhold	
Kein Sieger der Tiger	10
Make love not war	12
Der Gott des Gemetzels	14
Was Amor von der Schnecke lernte	16
Ashraf Golpoigani	
Heimat	18
Gewinn und Verlust	19
astrid Salzmann	
Para la guerra nada	20
Andoni K. Ros	
Sedimentos de "Mare Nostrum"	24
Antonio Arroyo Silva	
No sé qué pasa en el paisaje	28
El Infinito	30
Antonio Nieto Rodriguez	
Poemica	32
Antonio Ruiz Pascual	
A Susanna Chavez	38
El hombre se levanta del suelo	42
Llego con tres Heridas	46
Brigitte Lange	
Dem Sänger Atahualpa Yupanqui	46
Nada mas, Amigo	50

	Seite
Brunhild Hauschild	
Aktsitzen	54
Auf dem Kriegspfad wieder und wieder	56
Fadenkreuz	58
Frühling in Istanbul	60
Dorothee Arndt	
zeltgefühl	62
wärme	62
grün	64
meer	64
windiger nachmittag	66
nachtsegel	66
wurzeln	68
luftwurzeln	70
ich bin im nebel	72
nachtfischer	74
Elsye Suquilanda	
Bi-Polar (un dia en Berlin)	76
Berlin Bolita de cristal	78
Poeta Desnuda (version de zapateo)	80
Nadie me pregunta que tengo en la billetera	82
Frank Wegner-Büttner	
Bötzssee bei Strausberg 3.10.2010	84
Schwarzer Schwan	84
Alexa in Berlin	86
Herbert Laschet-Toussaint - HEL	
Aus einem Dorf in Nicaragua	88
Jürgen Polinske	
Galeano	92
Indios Fluchen ist Flehen	94
Die Fähre nach Gran Canaria	96
El Teide	98
Gutes Wetter	98
Puris Haus	100
Icod	102
Was bis Du, Teneriffa	104

Maria Gutierez (Puri) — **Seite**
Diez Haiku — 106

Reinhard Kranz
Geschehen verstehen — 108
Abflüge — 110

Slov ant Gali
Hütchenspiel — 112

York Freitag
sa coma saisonende — 118

Weitere zur XX. Cita de la Poesia eingereichte Texte

Frank Wegner- Büttner
Die Dampfschiffe — 120

Herbert Laschet-Toussaint – HEL
Läufer des Quipu — 121
Trostlied für Nada — 122
Als Du … — 123
Querida — 123
Wir lagen … — 124
Werd ich … — 124
Carmelita verblutet — 125
Lied der arbeiter in … — 125
FÜNF HOFHAIKU — 126

Reinhard Kranz   **Seite**
Als die Saale noch schwarz war   127
Aussichtsplattform   128
Auszug   129
Das Kind schaukeln   130
Mummenschanz   131
Unübersehbar   132

Slov ant Gali
Exil im eigenen Land   133

York Freitag
all inclusive   135

Teilnehmer   136

Programm der XX. Cita de la poesia   138

Inhaltsverzeichnis   140